# HARRY STYLES

## NEW GENERATION

Casa éditions

Texte : Océane Schmitt
Couverture : Martin Laignel


12 rue Mozart, 92110 Clichy

ISBN : 978-2-38058-435-6
Dépôt légal : mai 2023

# sommaire

# intro

**À chaque génération ses idoles.** Les millenials avaient les BB Brunes, les Fall Out Boy, Mika, Lorie, Kyo… et la génération Z a plutôt Dua Lipa, BTS, Billie Eillish ou encore Olivia Rodrigo. Rares sont les artistes qui parviennent à dépasser les générations. Ces artistes qu'on écoutait aussi bien sur notre MP3 que sur notre smartphone. Et pourtant, ils existent bel et bien. Avec un bon relooking et un gros travail sur la ligne éditoriale, un artiste peut aussi bien plaire aux précédentes générations qu'aux nouvelles. Sans cesse se réinventer, être en accord avec les tendances n'est pas une mince affaire, surtout quand l'artiste a été connu jeune et que l'image de lui boutonneux et mécheux ne veut pas partir de nos esprits.

Aujourd'hui, l'heure est au changement. Les stars n'hésitent plus à chahuter nos habitudes, réinventer les modes et à transcender les genres. Que ce soit à travers leurs styles, leurs engagements, leurs discours, ils font bouger l'industrie, bouleversent les codes et ça fait du bien ! Incarnations de nouvelles représentations, les stars de la génération Z sont plus que de simples chanteuses ou chanteurs : ce sont de véritables influences que l'on aime suivre, écouter et admirer. Lil Nas X, Awkwafina, Bilal Hassani, Yseult, Angèle… Tant d'artistes qui font bouger les choses et qui sont en osmose avec les préoccupations de notre temps.

C'est pourquoi les artistes de la génération des millenials, s'ils veulent rester sur le devant de la scène, doivent obligatoirement se mettre à la page ! Certains n'ont pas réussi (nous ne citerons pas de noms, car nous sommes sympas), et d'autres ont relevé le défi haut la main. Nous parlons de Taylor Swift, en activité depuis 2006 (quand même !) et qui remplit encore des stades entiers, de Miley Cyrus, qui a parfaitement su casser son image de petite fille sage ou encore, bien sûr, d'Harry Styles. De ses débuts en tant que membre des One Direction (dès 2010) à l'artiste solo adulé qu'il est aujourd'hui, on peut sans conteste affirmer qu'Harry a su franchir les générations et rester dans l'air du temps. Sa personnalité attendrissante, son style ultra original et glamour et ses rythmes qui envahissent nos têtes, ont su séduire un large, très large public. Harry est définitivement LA popstar de sa génération.

**Harry Styles sur scène aux Brit Awards 2023, à l'O2 Arena à Londres, le 11 février 2023.** ◄

# Les machines à stars

# Le lanceur The X Factor

*The X Factor* est en Angleterre ce que l'on pourrait apparenter à la *Star Academy* ou à la *Nouvelle Star* en France. C'est un télécrochet qui a pour but de révéler chanteurs et chanteuses du Royaume-Uni et de l'Irlande. L'émission a existé de 2004 à 2018 avec pour juges de nombreuses personnalités de la musique comme les chanteuses Cheryl Cole et Nicole Scherzinger, les producteurs Simon Cowell et Louis Walsh, ou encore les anciens membres du groupe Take That, Robbie Williams et Gary Barlow. L'émission se déroule en 4 étapes majeures :

– Les auditions face à un public dans une salle de concert. Les candidats passent les uns après les autres devant les juges et doivent obtenir au minimum trois « oui » pour pouvoir passer à la prochaine étape.

– Le *bootcamp* se déroule sur plusieurs jours. Les candidats sont séparés en différentes catégories qui changent à chaque nouvelle édition. L'année des One Direction, les 4 catégories étaient les groupes, les hommes de moins de 24 ans, les femmes de moins de 24 ans et les plus de 25 ans. Chaque juge se charge d'une catégorie et doit choisir 6 participants qui pourront poursuivre.

– La maison des juges. Les 6 participants de chaque catégorie sont invités dans la maison de leur juge et doivent réaliser une performance. Le juge est souvent accompagné d'une autre personnalité de la musique pour l'aider à prendre sa décision. 2 participants de chaque catégorie sont éliminés à ce moment-là.

– Les émissions en direct. Chaque samedi et dimanche soir, les participants se mettent en scène devant les juges et un public en direct à la télévision. Ils disposent d'une semaine pour apprendre et réaliser leur performance dont le thème est imposé et change d'une session à l'autre. Un ou deux candidats sont éliminés chaque week-end, ceux qui restent sont sauvés par les votes du public.

**Harry Styles, Niall Horan, Louis Tomlinson, Simon Cowell, Liam Payne et Zayn Malik arrivent à une performance des One Direction avant le week-end de la finale de The X Factor, le 7 décembre 2010, à Wolverhampton en Angleterre.**

*The X Factor* est ce que l'on pourrait appeler une « machine à artistes » au Royaume- Uni. Beaucoup de chanteurs, chanteuses et groupes connus aujourd'hui ont participé à ce télécrochet : Leona Lewis, Olly Murs, James Arthur ou encore le célèbre girls band Little Mix. Quelques saisons de ce programme aux États-Unis a permis la naissance d'un autre girls band très connu, les Fifth Harmony. Mais *The X Factor* n'est pas la seule émission de ce genre et énormément d'artistes connus sur la scène musicale se sont faits connaître par ce biais. Kelly Clarkson ou Jennifer Hudson, par exemple, ont participé à *American Idol* aux États-Unis ;  en France, la Star Academy a propulsé Jenifer, Grégory Lemarchal, Nolwenn Leroy et tant d'autres. Le public adore, car il se sent inclus dans l'ascension de ses candidats préférés, et c'est ce qui a aidé les One Direction à se démarquer. En suivant ainsi les cinq jeunes garçons, depuis le début, les fans ont l'impression d'avoir vu grandir leurs idoles : l'attachement émotionnel en est d'autant plus fort. Choisir son préféré, le soutenir à tous ses passages dans l'émission, c'est aussi ce qui a fait que les fans étaient aussi investis.

**Leigh-Anne Pinnock, Perrie Edwards, Jesy Nelson et Jade Thirlwall lors d'une performance du groupe Little Mix au Cheerios Childline Concert à l'O2 Arena de Dublin, en Irlande, le 24 novembre 2012.**

Les bands ont eu leur heure de gloire dans les années 1990. Comment oublier l'influence des Spice Girls, des Backstreet Boys ou encore N'Sync ? Puis ils sont devenus *has been* et le public ne semblait plus vraiment au rendez-vous. Mais les années 2010 sont arrivées et, sans crier gare, les bands sont réapparus. Personne ne s'y attendait, et pourtant. Un réel *revival* des bands sur la scène musicale s'est opéré. Et même un peu avant 2010… Comment ne pas citer ce groupe, composé de trois frères, qui a explosé aux États-Unis ? Nous parlons bien entendu des Jonas Brothers (bravo à ceux qui l'avaient deviné). Peut-être sont-ils à l'origine de ce *revival* ? Ont suivi Big Time Rush et The Wanted en 2009, One Direction en 2010, les Little Mix en 2011, puis dans les années suivantes, Fifth Harmony, 5 Seconds of Summer ou encore The Vamps. Toute une ribambelle de jeunes talentueux qui ont vu un filon et se sont mis à collaborer pour devenir de véritables phénomènes pour les jeunes générations. Et ce ne sont que les plus connus ! Les années 2010, c'étaient LEURS années, aux bands... Ils se sont tous démarqué les uns des autres et se sont créés des *fanbases* très solides. Certains un peu plus rock, d'autres plus pop… Tout le monde y trouvait son compte.

**Lauren Jauregui, Ally Brooke, Camila Cabello, Normani Hamilton et Dinah-Jane Hansen du groupe Fifth Harmony.**

Alors certes, cette mode des bands est un peu passée. Ce déclin serait-il dû à la séparation des One Direction ? (Pardon pour le *spoiler*). Néanmoins, encore une fois, et contre toute attente, depuis 2015, on constate un autre *revival* des bands. La mode est une boucle, doit-on le rappeler ? En effet, nous avons assisté en Europe et en Amérique à une ascension fulgurante des groupes de pop coréenne, ou K-Pop. Ces groupes remplissent des stades et des salles de concerts à chacune de leur venue en France ou dans d'autres pays. Leurs communautés sont énormes et internationales. Ils se démarquent des bands occidentaux de leur style vestimentaire, leurs pas de danse à pouvoir rendre jaloux Kamel Ouali, et leurs paroles majoritairement coréennes. BTS, BlackPink, TWICE ou encore Seventeen sont l'avenir des groupes de musique pour les années 2020.

James McVey, Brad Simpson, Connor Ball et Tristan Evans du groupe The Vamps arrivant aux studios BBC Radio 1, à Londres, le 10 avril 2014.

Big Time Rush.

# L'ère One Direction

# Naissance des 1D

Le 11 avril 2010, c'est avec le numéro 165998 qu'Harry auditionne pour le télécrochet britannique *The X Factor*. Il est accompagné de sa mère Anne, de son beau-père Robin et de sa sœur Gemma. Il raconte qu'il fait déjà partie d'un groupe dans sa ville Holmes Chapel, située dans le Worcestershire en Angleterre. Cheveux bouclés, joues bouffies et un style vestimentaire douteux (on se rappelle tous de cette écharpe), il doit impressionner les trois juges, dont Simon Cowell qui, plus tard, dans l'émission, changera sa vie. Il chante « Hey Soul Sister » de Train, qui n'impressionne pas du tout les juges. Il décide alors de chanter « Isn't She Lovely » de Stevie Wonder et passe à la prochaine étape.

Alors qu'il est recalé au *bootcamp* (moment du télécrochet limite mort subite pour les contestants) il est rappelé à venir sur la scène avec 4 autres candidats. On leur annonce qu'ils peuvent continuer l'aventure, mais en tant que groupe. Ils doivent donc former un boys band. Ils ont l'œil, quand même. Et c'est le début d'une grande aventure pour ces 5 garçons qui n'avaient pourtant rien en commun, mais vont vite se lier d'une amitié quasi fraternelle. C'est le début de One Direction avec Harry, Niall, Louis, Zayn et Liam.

**Harry Styles sur la scène du Brisbane Convention & Exhibition Centre, le 18 avril 2012, à Brisbane en Australie.**

Les garçons diront pendant le premier show qu'Harry a eu l'idée du nom « One Direction ». Il trouvait que cela sonnerait « cool » à entendre à voix haute dans *The X Factor*. Mais ils auraient aussi pu s'appeler « Unique Selling Point » si le groupe était parti sur l'idée de Liam. On est d'accord, c'est moins percutant...

Les émissions et les prestations vont s'enchaîner pendant plusieurs mois. En commençant par une reprise de « Torn » de Natalie Imbruglia, suivie de « Viva la vida » de Coldplay (nous n'oublierons jamais les pas de danse de Harry ou les notes de Niall pendant cette performance), « Kids in America » de Kim Wilde ou encore « Forever Young » d'Alphaville. C'est à ce moment qu'ils com-

**Les One Direction sur la scène des 2012 MTV Video Music Awards au Staples Center de Los Angeles, le 6 septembre 2012.**

mencent à se créer une *fanbase* avec les *video diaries*. Que de souvenirs... Chaque semaine dans l'émission, le groupe se filme dans les escaliers de la maison *The X Factor* et répond aux questions des fans posées sur les réseaux sociaux. Alors se créent des *running jokes* qui vont les suivre pendant des années : Kevin le pigeon, Louis qui cherche une petite copine qui doit absolument aimer les carottes ou encore la phobie des cuillères de Liam. Et ces 5 garçons venus des quatres coins du Royaume-Uni (et l'Irlande pour Niall!) iront jusqu'en finale, le fameux soir du 12 décembre 2010. Ils sont face à deux participants eux aussi adorés du public : Rebecca Ferguson et Matt Cardle. C'est lors du premier vote de la soirée que nos garçons préférés sont malheureusement éliminés. Ils finissent sur le podium de la compétition, en 3e place, et c'est Matt Cardle qui remporte l'édition 2010 de *The X Factor* UK. Mais même s'ils n'ont pas gagné la compétition, ils ont sans l'ombre d'un doute gagné le cœur du public. Et quand on connaît ce que leur réserve l'avenir, on ne peut que trouver ironique qu'ils n'aient pas gagné. *Who is Matt Cardle, anyway* ? Même si on aimerait toujours savoir ce que Harry lui a chuchoté dans l'oreille lors de sa victoire...

Les One Direction sur le plateau de la saison 2 de The X Factor USA le 8 novembre 2012 à Hollywood.

# Les débuts de la gloire

C'est fraîchement sortis de *The X Factor* que les jeunes chanteurs de One Direction vont connaître le début du succès. À cette époque, ils ne sont pas très connus en France, l'émission n'étant pas diffusée Outre-Manche. Mais au Royaume-Uni, c'est une nouvelle « Beatlemania » qui se crée : des milliers de jeunes filles à travers le pays deviennent fans de ces 5 garçons, tout beaux, tout jeunes. Nous sommes déjà loin du succès des boys bands des années 1990 avec Blue, Worlds Apart ou encore Take That, mais le phénomène One Direction fonctionne et fait renaître l'amour des jeunes anglais pour les boys bands. Un éternel recommencement…

Les One Direction sortent leur premier *single* « What Makes You Beautiful » le 11 septembre 2011. Cette chanson va alors propulser le groupe au top des *charts* et le faire connaître dans le reste du monde. Gros carton. Il est le single le plus vendu de l'année 2011 au Royaume-Uni et reste numéro 1 plusieurs semaines. En France, malheureusement, il n'ira pas plus haut que numéro 39, et ce n'est qu'en février 2012 que le *single* rentre dans les *charts* français.
L'album est paru le 18 novembre 2011, il se nomme *Up All Night*. Il se vend en 5 millions de copies dans le monde. Ça y est, tout le monde a entendu parler des One Direction, c'est un véritable phénomène médiatique. En France, tout comme « What Makes You Beautiful », l'album ne rentre qu'en février 2012 dans le Top Album français. Il se place quand même 15e pendant toute une semaine. Pas mal.

Au fur et à mesure que les One Direction se font connaître, ils rameutent avec eux une flopée de fans, et ce dans le monde entier. Il faut dire qu'ils en ont fait fondre, des jeunes cœurs. L'obsession est réelle : des centaines de jeunes filles en larmes et qui hurlent en voyant leur boys band préféré. Un réel engouement se crée, ils conquièrent même les États-Unis. Ils y vont d'ailleurs début 2012, avec une

**Harry, en décembre 2012, à New-York.**

Liam, Louis, Niall, Zayn et Harry des 1D à un évènement pour leur album *Up All Night* le 17 mars 2012, à Somerdale dans le New Jersey.

## Beatlemania

Terme qui vient de la contraction de The Beatles et de « mania ». Le phénomène naît début 1963, lorsque le groupe des Beatles perce. La sortie de « Please Please Me », 2e single de leur premier album, leur attire un public d'une rare ferveur. Mais l'explosion a réellement lieu à l'automne, avec la sortie du titre « She Loves You ». Mouvements de foule (pogos de l'époque), salles blindées, pleurs et hurlements, évanouissements… Les fans du groupe se donnent à fond et les concerts deviennent presque inaudibles. De plus, chaque concert des Beatles fait l'objet d'une imposante couverture médiatique. Les unes de journaux, les émissions spéciales à la radio et les shows télévisés se multiplient, début 1964, dans le monde entier. Bref, on ne parle que d'eux, ils sont le centre du monde et pas que pour leurs fans les plus fervents. De jeunes gens souriants, à la mode, au genre parfait, et pleins d'humour anglais… On pourrait aussi bien parler des Beatles que des One Direction, non ?

seule idée en tête (et un sacré plan marketing) : s'y faire connaître. L'Amérique est un des marchés musicaux les plus importants au monde. Ils font alors la première partie de Big Time Rush (un des groupes les plus connus à l'époque) pendant leur tournée Better With U Tour. Leurs fans sont conquises ! *Up All Night* est vendu à l'international en mars 2012, à 3 millions d'exemplaires dans le pays, et le groupe commence déjà à battre des records. Il devient le premier groupe britannique à avoir un album à la première place des *charts* américains et ce résultat entre le Guinness Book des records. S'ensuit le Up All Night Tour qui affiche complet en seulement quelques minutes. Pour les nostalgiques qui n'auraient pas pu les voir à Paris ou à Amnéville cette année-là, ces concerts sont filmés et un DVD est sorti en 2012, petit *tip*.

Et l'heure de gloire du groupe ne fait que commencer, les grosses opportunités s'enchaînent pour eux. Ils ont l'honneur de chanter à la cérémonie de fermeture des Jeux olympiques de Londres en 2012, au même titre que les Spice Girls.

La deuxième partie de l'année 2012 est marquée par la sortie de leur deuxième album *Take Me Home* et le premier *single* de l'album, « Live While We're Young » sort le 28 septembre 2012. Cet album reste encore assez « jeune », très fun, à la sonorité très pop. Exactement ce qu'on

**Les boys bands des années 1990**

Les années 1990 ont été très importantes pour l'univers de la musique et nous pouvons dire que les boys bands ont véritablement façonné l'industrie musicale à cette époque pour en faire ce qu'elle est aujourd'hui. L'une des principales raisons pour lesquelles ils ont exercé une forte influence sur la culture pop est qu'il s'agissait principalement de jeunes chanteurs qui exerçaient un attrait majeur sur les jeunes et les adolescents. La promotion de bouche à oreille était très répandue dans cette tranche d'âge et c'est ainsi que les boys bands ont commencé à être suivis. En France, nous avions Alliage, 2be3 ou encore G Squad ; le Royaume-Uni avait Take That, Blue et Worlds Apart ; et les Américains avaient Backstreet Boys, Nsync et les New Kids on the Block.
Aujourd'hui encore, on parle d'eux, et beaucoup d'artistes s'inspirent de leurs chansons. Bien qu'ils n'auront plus jamais le succès qu'ils avaient à l'époque, certaines adolescentes devenues femmes sont toujours aussi fans ! Les Backstreet Boys font encore des concerts en 2023 et continuent de remplir des salles.

Harry Styles des One Direction aux Radio One Teen Awards, le 7 Octobre 2012 à la Wembley Arena, à Londres.

attend d'un boys band britannique. L'album est un franc succès, les ventes s'apparentent à celles de *Up All Night* et il se classe n°1 dans de nombreux pays dont notre chère France. Cette année-là, les One Direction sont extrêmement demandés, ils sont invités par la reine Elizabeth II pour chanter au Royal Variety Performance. Ils chantent leur *single* « Little Things », écrit par notre rouquin préféré (Ed Sheeran). Début 2013, ils débutent le Take Me Home Tour et ils remplissent le Madison Square Garden. Les fans se souviendront de cette soirée magique à jamais. Aux quatre coins du globe, on a pu suivre cette nuit-là grâce aux réseaux sociaux. Les fans étaient fières et se demandent toujours si les garçons ont oui ou non détruit cette chambre d'hôtel...

Le clip de « One Way or Another », sorti le 21 février 2013, est une reprise de deux chansons : « One Way or Another » de Blondie et « Teenage Kicks » de The Undertones. Cette chanson sort en soutien à l'association Comic Relief qui vient en aide à des pays d'Afrique contre la famine, la pauvreté ou le manque de soins. Tous les deux ans, en Angleterre, l'association organise le Red Nose Day pour obtenir un maximum de dons, et fait appel à des célébrités britanniques pour cela. En 2013, elle fait appel aux One Direction avec cette chanson et un clip adoré des fans, dans lequel on peut les voir au Ghana à la rencontre des habitants, en tournée au Japon, en France et aux États-Unis. Ils partent même au 10 Downing Street à Londres, à la rencontre de l'ancien Premier ministre britannique

**One Direction sur la scène de NBC's « Today » au Rockefeller Plaza, à New York, le 23 août 2013.**

THE WHO
AMERICAN TOUR

David Cameron, qui fait une apparition dans le clip qui reste encore aujourd'hui un des préférés des fans.

En août 2013, le groupe sort son tout premier film documentaire *This is us*, réalisé par Morgan Spurlock. Ce documentaire suit le boys band lors du Take Me Home Tour et nous fait rencontrer chaque membre du groupe dans une ambiance plus personnelle. Au plus GRAND plaisir des fans. Liam et Harry à la pêche, Harry en visite à Holmes Chapel, Zayn qui achète une maison pour sa mère et ses sœurs et beaucoup d'autres moments qui ont ému les « Directioners » autour du globe. Le film est une grande réussite avec quasiment 70 000 000 $ récoltés au box-office.

**Harry Styles au photocall du film This is us aux Blue Sky Studios à Londres le 19 août 2013.**

Toujours sur un rythme effréné, en novembre 2013, le groupe sort un nouvel album, *Midnight Memories*, qui se classe n°1 dans de nombreux pays et est le plus vendu de l'année 2013. On ressent avec ce nouvel album un changement total dans le style du groupe. Une musique qui sonne moins gentillette et plus mature. Les paroles sont moins douces et romantiques, les garçons chantent plus sur les plaisirs de la vie, par exemple (*if you know what I mean...*) La musique a des sonorités rock et semble être plus adulte. Rappelons qu'à l'époque de *Up All Night*, les garçons n'avaient qu'entre 17 et 21 ans. Nous sommes plusieurs années plus tard, et l'on peut comprendre ce revirement musical que les fans adorent. Le groupe ne perd pas une miette de son public, bien au contraire. Ce n'est pas seulement la musique qui change, mais aussi le style des garçons. Une volonté très nette de montrer leur sex-appeal opère, brisant l'image qu'on leur connaissait. Nous entrons dans l'ère Frat Boy Harry ! Toutes nostalgiques de cette brillante époque. Ce changement, qui marque leur passage à l'âge adulte, était nécessaire pour continuer à plaire aux fans, qui elles aussi grandissaient. Ce revirement plus mature s'est donc fait assez naturellement, et les fans n'en étaient pas mécontentes (loin de là).

**Harry Styles à un concert privé des One Direction organisé par Hasbro, à Westwood en Californie, le 6 août 2013.**

Pour fêter la sortie de leur album, le groupe organise un jour devenu historique pour la *fanbase* : le 1D Day. Le 23 novembre 2013, les One Direction se filment en direct pendant 8 heures sur une plateforme de vidéos en ligne. Les fans peuvent participer activement à ce projet et l'on peut y prendre part partout dans le monde. Plusieurs célébrités y ont d'ailleurs participé, comme Cindy Crawford, David Beckham, Céline Dion… Cela reste une des meilleures idées du groupe.
Comme après chaque sortie d'album, les jeunes partent en tournée début 2014 ; Il s'agit cette fois-ci d'une tournée des stades en 69 dates, c'est le Where We Are Tour.

**Harry Styles pendant le iHeartRadio Music Festival, au MGM Grand Garden Arena de Las Vegas, le 20 septembre 2013.**

**Liam Payne, Zayn Malik, Harry Styles, Louis Tomlinson et Niall Horan sur la scène de la saison 3 de The X Factor USA, le 21 novembre 2013, à Hollywood.**

Après avoir terminé cette tournée, le groupe continue de sortir un album par an. *Four*, leur quatrième album (très original) sort en novembre 2014, se classe à son tour n° 1 dans de nombreux pays et se vend en millions d'exemplaires tout autour de la planète. Certains le voient comme leur album le plus accompli et réussi. On y retrouve de nouveau Ed Sheeran dans les paroliers, ainsi que tous les membres du groupe qui ont aussi participé à l'écriture des chansons. Les *singles* « Night Changes » et « Steal My Girl » ont monté dans les *charts* dans le monde entier. La tournée, On The Road Again Tour, débute en février 2015. Elle sera marquée par un événement qu'aucun fan n'a oubliera.

**Les One Direction au American Music Awards 2014, au Nokia Theater L.A., le 23 novembre 2014, à Los Angeles.**

Harry Style à l'émission « Today Show », le 17 novembre 2014, à Orlando en Floride.

# La fin d’une belle aventure

# La séparation

Nous entrons dans un moment sombre, vous vous en doutiez. Le 25 mars 2015, les One Direction sortent un communiqué de presse pour annoncer le départ de Zayn du groupe. Ce dernier explique qu'il souhaite vivre comme un garçon normal de 22 ans, loin des lumières des projecteurs. Il dit néanmoins partir du groupe avec 4 meilleurs amis. Les fans sont choqués de ce départ inattendu, surtout du fait qu'ils l'annoncent en pleine tournée ! Le reste du groupe annonce vouloir continuer la tournée et a hâte d'enregistrer le prochain disque. En août 2015, il annonce qu'après la sortie de leur prochain album, ils partiront en « pause ». Oui, ils se sont bien moqués de nous. La tournée se termine fin octobre et le 13 novembre 2015 le groupe sort l'album *Made in the A.M.* Ils en font la promo et présentent une dernière fois, symboliquement, à *The X Factor* UK leur *single* « History » en décembre 2015. C'est la dernière fois que le groupe se produit devant un public et aussi la dernière fois qu'il est vu ensemble. Depuis janvier 2016, la « pause » n'a jamais cessé..On pourrait donc parler de séparation. Qu'en dites-vous, les 1D ? Encore aujourd'hui, les fans rêvent d'une réunion, mais chaque membre a maintenant une carrière solo et cela semble franchement impossible.

**Louis, Liam, Niall et Harry aux Billboards Music Awards 2015, à Las Vegas, le 17 mai 2015.**

Pourquoi les One Direction ont-il eu autant de succès chez leur jeune génération ? Déjà, ce sont cinq jeunes hommes pas trop laids et avec de belles voix, mais aussi, ils chantaient sur leurs relations amoureuses et sur les filles. Comment cela ne pouvait-il pas plaire ? Mais ils étaient aussi très accessibles et très proches de leurs fans. Avec *The X Factor,* les comptes sur les réseaux sociaux, les événements comme le 1D Day. Ils n'ont aussi jamais pris de pause en 5 ans d'existence, un album voyant le jour chaque année, ainsi qu'au moins 3 clips et une tournée mondiale ; les fans ne manquaient pas de contenu. Mais c'est aussi ce qui a pu causer la séparation du groupe ; on sait aujourd'hui que Zayn est parti car ce rythme effréné était devenu trop difficile à suivre psychologiquement. Liam a dit récemment dans une interview que tous n'auraient pas pu continuer comme ça, sans jamais faire de pause. Ils avaient tous besoin de ce break. Même si chacun avait sa propre définition de « break », visiblement.

Ce qui a aussi plu aux fans, c'est la relation entre les garçons. Pendant les 5 années d'existence du groupe, il n'y jamais eu de problèmes entre eux ou de disputes en public. Leur complicité a donné l'image d'un groupe solide et uni devant les fans ; on trouve encore aujourd'hui des compilations de leurs meilleurs moments de complicité sur les plateformes vidéo. Évidemment, certains fans sont allés plus loin et ont fantasmé certains couples entre les membres du groupe, les fanfictions ont fusé sur Narry (Niall et Harry), Ziam (Zayn et Liam) ou encore, le très controversé Larry (Louis et Harry).
Le groupe doit également beaucoup aux Directioners. Sur les réseaux sociaux, ils comptent encore aujourd'hui plus de 20 millions de fans qui apportent beaucoup de soutien, et individuellement certains membres sont à 48 millions de followers. Les chances pour que le groupe se recompose sont minces, très minces. Mais si un jour les One Direction font un grand retour, les fans seront sans conteste au rendez-vous.

**Harry au 102.7 KIIS FM's Jingle Ball 2015, au Staples Center de Los Angeles, le 4 décembre 2015.**

One Direction en concert à Chicago, le 23 août 2015.

Harry Styles au Apple Music Festival 2015, à Londres, le 22 septembre 2015.

# Que sont-ils devenus?

## Zayn Malik

Après avoir quitté le groupe en 2015, Zayn a pris du temps pour lui pendant plusieurs mois. Il s'est d'ailleurs dans cette période séparé de sa fiancée Perrie Edwards, chanteuse de groupe Little Mix.
En mai 2015, Louis et lui se sont disputés sur les réseaux sociaux. Suite à une remarque qu'avait faite Louis sur Zayn dans un post, Zayn a décidé de lui répondre. Cette querelle n'a jamais eu vraiment de suite mais a brisé le cœur de plusieurs fans qui pensaient que Zayn et le groupe resteraient toujours proches malgré la rupture.

@Louis_Tomlinson
Tu te souviens quand tu avais 12 ans et que tu pensais que ces filtres Mac pour tes photos étaient cool haha ! Certains le pensent encore HA !

@zaynmalik
@Louis_Tomlinson tu te souviens quand tu avais une vie et que tu arrêtais de faire des commentaires méchants sur la mienne ?

Musicalement parlant Zayn a sorti en 2016 son album *Mind of Mine* avec le célèbre *single* « Pillow Talk » qui a eu un grand succès. Il a ensuite collaboré avec Taylor Swift sur un *single* nommé « I Don't Wanna Live Forever » pour le second volet du film *Cinquante Nuances de Grey*, *single* qu'il a sorti dans son deuxième album *Icarus Falls* paru en décembre 2018.

Zayn Malik dans les rues de New York, le 24 janvier 2018.
▼

En septembre 2020, il a accueilli une petite fille nommée Khai avec sa compagne de l'époque Gigi Hadid. Il a sorti son troisième et dernier album en date en septembre 2021, *Nobody is Listening*.

Le chanteur s'est beaucoup confié sur ses problèmes avec les maladies mentales comme la dépression et l'anxiété lorsqu'il était dans le groupe. Il ne s'est d'ailleurs jamais produit de nouveau en concert suite à ses crises d'angoisse sévères.

Louis Tomlinson, le 3 septembre 2022, en concert au festival de musique de Milan.

## Louis Tomlinson

Dès le début de la pause, Louis a accueilli son fils Freddy en janvier 2016.
Il a sorti deux chansons en 2017, « Back To You » en collaboration avec Bebe Rexha et « Just Like You ». Il sort son premier album *Walls* en 2020, puis son deuxième, *Faith in the Future*, en novembre 2022. Il part pour sa première tournée mondiale en solo cette année en 2023. Cette année également, Louis a sorti au cinéma un film documentant sa vie et ses expériences depuis la fin du groupe One Direction. Il se nomme *All of Those Voices*.

Depuis la séparation du groupe, Louis a aussi dû vivre de lourdes épreuves dans sa vie avec la perte de sa mère Johannah en décembre 2016, et de sa petite sœur Félicité, âgée de 18 ans, en mars 2019.

## Liam Payne

Liam a lui aussi accueilli son premier enfant en 2016, le petit Bear, avec sa compagne de l'époque, la chanteuse Cheryl Cole.

Liam n'a peut-être pas eu le succès qu'il espérait musicalement parlant dans sa carrière solo, comparé aux autres membres. Il sort en 2017 son premier *single* « Strip That Down » en collaboration avec le rappeur Quavo du groupe Migos. Ce premier *single* va faire polémique chez les fans suite à une phrase qu'il chante dans le refrain : « I used to be in 1D, now I'm out free » (« J'étais dans les 1D, maintenant je suis libre »). Difficile à entendre alors que sans le groupe il ne serait surement pas là... Il a ensuite sorti son premier album *LP1* dans la même année. Liam fait souvent parler de lui quand il parle de son expérience dans le groupe. Récemment, il a raconté une altercation qui se serait déroulée entre lui et un autre membre du groupe à l'époque ; celui-ci l'aurait poussé contre le mur et menacé. Il n'en a jamais parlé ou dit plus sur le sujet. Le mystère reste entier.

**Liam Payne sur la scène du IHeartRadio Jingle Ball 2017, le 17 décembre 2017, à Sunrise en Floride.**

## Niall Horan

Niall sort en 2016 deux premiers *singles* en solo « This Town » et « Slow Hands », puis sort l'album *Flicker* en 2017. Son deuxième album *Heartbreak Weather* sort en 2020.
Début 2023, Niall enregistre une nouvelle chanson, « Heaven » et annonce la sortie de son troisième album *The Show* pour le 9 juin 2023.

Niall Horan aux MTV EMA 201,9 le 3 novembre 2019, à Séville en Espagne.

# La carrière solo

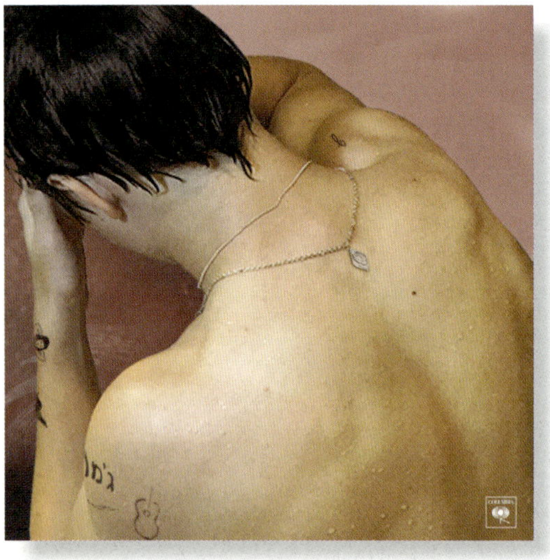

# Harry Styles

En 2016, Harry commence sa carrière solo en créant son propre label Erskine Records et signe le 23 juin chez Columbia Records. Il choisit Jeffrey Azoff comme manager pour le représenter.
Il commence à écrire son premier album mais profite surtout de la première pause qu'il prend depuis 2010.

C'est le 7 avril 2017 que sort son tout premier *single* en solo « Sign of the Times ». Aucun fan ne sait à quoi s'attendre de son nouveau style musical : est-ce que ce sera similaire à ce qu'il faisait avec les One Direction ou va-t-il complètement changer de style ? « Sign of the Times » est tout ce que l'on attendait mais aussi ce que l'on n'attendait pas de la part d'Harry. C'est une chanson aux influences de Bowie, The Beatles et Coldplay et 6 minutes de vocalises encore jamais entendues de la part d'Harry. Il surprend le monde musical mais aussi les fans ; on y sent une maturité qu'on ne trouvait pas dans One Direction et ce qu'il fallait pour définir son style et le ton de sa carrière solo.
En plus de la chanson sort le clip, réalisé par le chanteur français Woodkid. On y retrouve Harry dans les paysages féeriques de l'Île de Skye en Écosse. On le voit voler à plus de 450 mètres du sol et entonner la chanson dans les 4 coins de l'île. Assez poétique.
*Rolling Stone* qualifie « Sign of the Times » de meilleure chanson de l'année 2017.

L'album Harry Styles (encore une fois, très original) sort le 12 mai de la même année. Il compte 10 chansons, chacune très différente des autres. Un vrai voyage musical, ultra abouti et rondement mené. Aux influences de Fleetwood Mac, Mick Jagger, Jimi Hendrix ou encore Paul Simon, l'album a des sonorités de soft rock et de pop. Harry nous parle majoritairement de femmes et de sa sensibilité. Le « Harry solo » semble véritablement plus personnel et n'hésite pas à ouvrir son cœur. Il sort deux *singles* en plus de « Sign of the Times » de l'album, « Two Ghosts » est le premier mais il n'en sort pas de clip, bien que celui-ci ait été tourné. Il explique qu'il était trop personnel pour être montré. Pas cool, Harry. La chanson aurait été écrite par rapport à Taylor Swift, selon les fans, sur leur relation datant de 2012.

*« Same lips red, same eyes blue. Same white shirt, couple more tattoos. »*

Paroles de la chanson « Two Ghosts »

Le deuxième *single* est « Kiwi », chanson complètement rock et déjantée. Le clip sort le 8 novembre 2017 ; plusieurs enfants font une bagarre de gâteaux avec des chiots et Harry vient se battre à leurs côtés. Rien à voir avec les paroles. La chanson parle d'une femme qui va « avoir son bébé ». Il performe cette chanson le 20 novembre au défilé Victoria's Secret à Shanghai.

Sa première tournée solo Live On Tour commence en septembre, 88 dates éparpillées dans plusieurs continents. Fin 2017 l'album est nommé meilleur album de l'année par plusieurs magazines comme *Billboard* ou *Rolling Stone*.

**Harry Styles prend le temps de poser avec des fans devant les studios BBC Radio One, le 18 décembre 2019, à Londres.**

# *Fine Line*

Lights Up, premier *single* du 2e album sort en novembre 2019. La chanson a des allures de RnB et est influencée par les musiques de Tame Impala. Harry dit ne pas vouloir quitter la lumière et se demande « *Do you know who you are ?* » (« Sais-tu qui tu es ? »). Dans le clip, Harry est vu dans une maison vide avec plusieurs versions de lui-même, on le retrouve ensuite sur le siège passager d'une moto et enfin il est entouré d'hommes et de femmes qui se collent à lui. Là, il semble vouloir davantage se mettre à nu (au sens du terme que vous voulez). D'ailleurs, il dit au magazine *Rolling Stone* que pendant la création de l'album, il prenait souvent des drogues hallucinogènes, et après avoir vu les clips de l'album on comprend mieux.
Son deuxième album *Fine Line* paraît le 13 décembre 2019. Douze titres composent l'album. Chaque titre parle des relations amoureuses que Harry a vécues et de ses peines de cœur. Avec cet album, on ressent le chagrin de Harry et aussi ses moments de joie. Les chansons « Fine Line » et « Falling » vous font vider la boîte de mouchoirs, « Golden » et « Adore You » vous redonne le sourire, et « Watermelon Sugar » vous fait hausser les sourcils... Pour fêter la sortie de l'album, il se produit le 13 décembre au soir au Forum de Los Angeles pour chanter en avant première les 12 chansons de l'album devant 17 000 personnes. C'est le One Night Only at The Forum, les places se vendent en quelques secondes car elles ne sont qu'au petit prix de 25 dollars. Il organise le même événement à Londres le 19 décembre dans la petite salle *Electric Ballroom*.

Pour cet album, Harry choisit 6 *singles* qui ont chacun droit à un clip. Le 6 décembre 2019, un clip de quasiment 8 minutes pour « Adore You » sort. Pour ce clip pensé des mois à l'avance, une île imaginaire du nom d'Eroda est créée. Des publicités pour l'île sont diffusées dans les cinémas avant les films et sur les réseaux sociaux avec le hashtag #VisitEroda. Un site Internet de tourisme pour l'île est aussi créé.

> *« And I know that you're scared because hearts get broken. »*

Paroles de la chanson « Golden ».

**Harry Styles au défilé Victoria's Secret, à Shangai, le 20 novembre 2017.** ◄

Les fans se doutent de quelque chose, ils découvrent que la voix prêtée pour la pub est celle de la chanteuse *latina* Rosalia. Harry confirme qu'Eroda est son idée quelques jours avant la sortie du clip avec un teaser de la vidéo.
Le clip est un de ses meilleurs, il est très beau et très réfléchi. Tourné au village de pêcheur Saint Abbs en Écosse, Harry raconte l'histoire d'un jeune garçon qui vient bouleverser l'île d'Eroda avec son sourire, dans un endroit où les habitants ne sourient pas. Le garçon perd son sourire à cause de la méchanceté des habitants et sombre dans la solitude. Il y trouve un petit poisson doré qui lui aussi est seul et pense que le destin les a réunis. Ils restent ensemble jusqu'à ce que le poisson devienne trop gros et que Harry doive le relâcher. Les thèmes de la chanson et du clip sont tous deux assez forts de sens, Harry se montre vulnérable en parlant de solitude et du fait de se sentir différent des gens qui nous entourent. La chanson a très bien fonctionné, tout comme le clip qui compte plus de 364 000 000 vues.

**Harry dans son clip de «Adore You»**

Quatre autres clips suivent celui-ci, « Falling » fin février 2020, « Watermelon Sugar » le 18 mai 2020, qu'il dédie au « contact physique », suite à la pandémie du Coronavirus. Le 25 octobre 2020, c'est la vidéo de « Golden » qui sort et enfin, en clip surprise, « Treat People with Kindness » le 1er janvier 2021 pour fêter la nouvelle année où il danse avec l'actrice de « Fleabag », Phoebe Waller-Bridge. On peut dire que Harry n'y est pas allé de main morte avec le marketing pour ce nouvel album et c'est la chanson « Watermelon Sugar » qui a eu le plus de succès. C'est sa première chanson qui finit n°1 du Top 100 Billboard pour y rester une semaine. Et c'est avec ce clip que se finit l'ère musicale de *Fine Line* pour ouvrir la porte à son prochain album.

**Harry et les acteurs du clip «Watermelon Sugar»**

## *Harry's House*

Le 23 mars 2022, Harry Styles poste sur une plateforme de vidéos en ligne un teaser de 40 secondes qui se nomme « Harry Styles - Harry's House (coming soon) » avec des plans de nature, de villes et de concerts, puis Harry qui approche au centre de la scène d'un théâtre avec une maison qui s'élève derrière lui. Comme s'il nous invitait chez lui. « As It Was » est le premier *single* à sortir, le 1er avril 2022 avec son clip. Avec son tempo élevé et ses sonorités des années 1980, Styles sort un hit de l'été, une chanson qui donne envie de sortir dans la rue, profiter du beau temps et danser dans les parcs. C'est sa chanson la plus réussie, elle reste 15 semaines n°1 du Top 100 Billboard et accumule aujourd'hui plus de 2 milliards d'écoutes sur les plateformes de streaming. Un mois avant la sortie de l'album, il se trouve pour la première fois en tête d'affiche du festival de musique américain Coachella. Il invite Lizzo et Shania Twain à partager la scène avec lui et les trois artistes y mettent le feu. Il performe d'ailleurs plusieurs chansons de l'album: « As It Was », « Boyfriends » et « Late Night Talking ».

L'album sort le 20 mai 2022. Il est certainement l'album qui montre le plus le côté vulnérable d'Harry. Il parle de romance comme de quelque chose de fragile mais aussi plein d'espoir. Selon certains fans, il rend hommage à son amie Caroline Flack, décédée en 2020, dans la chanson « Little Freak ». L'album vous fait passer des larmes au rire, puis de sanglots en sourire. Comme avec *Fine Line,* il organise deux concerts « One Night Only » pour présenter l'album en direct ; un le 20 mai à New York à l'UBS Arena et un autre le 24 mai à l'O2 Academy de Londres.

**Harry accompagné de la chanteuse Lizzo sur la scène du festival Coachella, en 2022.**

Le deuxième *single* « Late Night Talking » a son clip mi-juillet 2022. La chanson serait sur sa petite amie de l'époque, l'actrice et réalisatrice Olivia Wilde. Dans cette chanson, il parle d'une relation à distance, de s'appeler parfois toute une nuit pour parler de tout et de n'importe quoi. Le clip a été tourné à Londres, on y voit Harry sur un lit roulant dans les rues de la capitale ou encore qui se réveille dans un lit accompagné de NOMBREUSES personnes…

Enfin un troisième et dernier clip sort fin octobre de la même année. « Music for a Sushi Restaurant » est une chanson « très Harry ». C'est-à-dire qu'elle ne fait absolument aucun sens, mais on adore ! Dans le clip, Harry est un mi-homme mi-poisson qui chante dans un restaurant de sushis pour éviter de se faire cuisiner par le chef.

Harry a annoncé qu'il continue à écrire pour un quatrième album malgré son emploi du temps très chargé et les fans ont bien entendu hâte d'en entendre plus.

**Harry Styles sur scène au Rockefeller Center de New York pour l'émission « Today », le 19 mai 2022.**

*« In this world, it's just us. You know it's not the same as it was. »*

Paroles de la chanson « As it Was ».

Harry Styles sur la scène du Madison Square Garden, à New York lors de son concert Harryween, le 31 octobre 2022. ◄

Dua Lipa sur la scène de l'AO Arena à Manchester, lors d'un concert de sa tournée Future Nostalgia, le 15 avril 2022.

# TOP 1

Harry a remporté 58 récompenses au cours de sa carrière solo (et quelques-unes pendant son temps dans One Direction) ainsi que 167 nominations. En 2021, il est nominé pour la toute première fois pour un Grammy Awards (non, les One Direction n'ont jamais gagné de Grammy et oui, c'est affligeant). Il est nommé dans trois catégories : meilleure prestation pop solo pour « Watermelon Sugar », meilleur clip pour « Adore You » et meilleur album vocal pop pour *Fine Line*. C'est la chanteuse Dua Lipa avec son album à succès *Future Nostalgia* qui remporte ce dernier. Harry gagne le prix pour « Watermelon Sugar ».

Rebelote en 2023, il est de nouveau sélectionné dans trois catégories. Cette fois-ci, c'est *Harry's House* qui reçoit le Prix de l'album le mieux conçu, du meilleur album pop vocal et le Prix le plus important de la soirée, celui de meilleur album de l'année. À la surprise générale, Harry balaye les trois catégories et remporte tout. Il était pourtant face à de gros concurrents : *30* de Adele, *Special* de Lizzo ou encore *Renaissance* de Beyoncé que beaucoup voyaient déjà comme gagnante.

Pour contexte, c'est Jon Batiste avec *We Are* qui avait gagné ce prix l'année d'avant et en 2021, c'était *Folklore* de Taylor Swift, l'album le plus vendu de l'année 2020.

▼

**Harry Styles, Tyler Johnson et Kid Harpoon acceptant le Grammy Award de l'Album de l'Année pour Harry's House lors de la cérémonie 2023 à Los Angeles, le 5 février 2023**

En plus de ces 4 Grammys, Harry a dans sa poche 6 Brit Awards, l'équivalent des Grammys au Royaume-Uni, 1 MTV Video Music Award pour son clip de « Treat People with Kindness », 2 NRJ Music Awards et encore bien d'autres.

Sa carrière ne fait que commencer, on peut donc imaginer que cette liste ne fera que s'allonger.

Harry sur le tapis rouge des BRIT Awards le 11 février 2023 à Londres

## Les Grammys

Les Grammy Awards sont des récompenses décernées par la National Academy of Recording Arts and Sciences chaque année lors d'une cérémonie télévisée et ce depuis 1958. Ils récompensent les musiciens et techniciens du monde de la musique pour ce qu'ils ont accompli dans l'année. Cette cérémonie est aussi prestigieuse de par l'organisme qui choisit les récompensés ; la National Academy of Recording Arts and Sciences est composée des plus grand chanteurs, producteurs, paroliers, ingénieurs son et autres acteurs de l'industrie musicale, mais, avec l'ancienneté, les Grammys sont aussi devenus une référence en matière de réussite musicale. Beyoncé est d'ailleurs l'artiste la plus récompensée de l'histoire avec 31 Awards ainsi que la plus nommée, avec son mari, Jay-Z, qui compte 88 nominations.

# Les tournées

## Live on Tour

En avril 2017, Harry annonce sa première tournée mondiale en solo, nommée Live On Tour. Les billets se vendent en seulement quelques secondes, notamment dû au fait que les concerts ont principalement lieu dans de petites salles. En France, c'est à l'Olympia qu'il choisit de performer, soit une salle à moins de 2000 places. Peut-être une volonté d'être dans une relation plus intime et personnelle avec son public, pour son premier album et sa première tournée. Ça le change des gros stades avec la 1D. Puis début juin 2017, il annonce une deuxième partie de la tournée dans des salles plus grandes et avec plus de dates ; il va cette fois-ci à l'AccorHotel Arena à Paris qui compte 20 000 places.

Katie Gavin, du groupe MUNA, sur scène le 5 mars 2023, à Sydney, en Australie.

La première étape de la tournée débute le 19 septembre 2017 à San Francisco, c'est le groupe MUNA qui se charge de la première partie des concerts. Une dizaine de dates prolongent la tournée en Amérique de Nashville à Phoenix, en passant par Toronto. Le 25 octobre, il se produit à Paris à L'Olympia, puis en Allemagne, au Royaume-Uni, en Suède, aux Pays-Bas, et termine l'étape européenne en Italie à Milan. Harry part ensuite chanter à Singapour, fait une étape en Australie et en Nouvelle-Zélande et finit la première étape de cette tournée à Tokyo le 8 décembre 2017. La tournée est un franc succès. Il chante toutes les chansons de son album éponyme en plus de trois chansons des One Direction, « Stockholm Syndrom », « If I Could Fly » et « What Makes You Beautiful », ajoute une cover de « The Chain » du groupe Fleetwood Mac et enfin une chanson qu'il avait écrite pour Ariana Grande, « Just a Little Bit of Your Heart ».

Après 3 mois de pause, il repart en tournée le 11 mars 2018 et refait quasiment les mêmes pays, mais dans de plus grandes salles. Il commence par l'Europe avec la chanteuse Mabel en première partie, enchaîne en Océanie avec le groupe The Preatures. Le 1er mai 2018, Harry commence la partie asiatique de la tournée avec le groupe américain Warpaint, puis vient celle de l'Amérique du Sud avec Leon Bridges en première partie. La tournée se termine en Amérique, du 1er juin au 14 juillet et Harry est accompagné de la chanteuse country américaine Kacey Musgraves.

Avec cette tournée de 80 dates, ce sont plus de 800 000 billets qui ont été vendus et plus de 60 millions de dollars récoltés. Sur ces 60 millions, 1,2 millions de dollars ont été attribués à 62 organisations caritatives dans le monde et la tournée a par ailleurs permis d'enregistrer des centaines de nouveaux électeurs aux États-Unis.

1

**1. La chanteuse Mabel sur la scène du Reading Festival, le 27 août 2021, à Reading en Angleterre.**
**2. Isabella Manfredi, la chanteuse de « The Preatures », le 16 janvier 2015, à Sydney en Australie.**
**3. Emily Kokal de Warpaint sur la scène du Primavera Sound Festival, le 3 juin 2022, à Barcelone.**
**4. Le chanteur Leon Bridges sur scène à Berlin, le 5 juillet 2022.**

3

2

4

Harry Styles,
le 28 novembre 2017,
sur la scène des Aria
Awards à Sydney
en Australie.

## Love On Tour

Un mois avant la sortie de l'album *Fine Line*, le 13 novembre 2019, Harry annonce sur ses réseaux sociaux la tournée Love On Tour avec des dates en Europe et Amérique du Nord. Puis début décembre, il annonce les dates en Amérique du Sud. La tournée doit débuter le 15 avril 2020 à Birmingham en Angleterre. Malheureusement, le 25 mars 2020, Harry poste sur les réseaux que la tournée doit être reportée à cause de la pandémie du Coronavirus qui touche le monde à ce moment-là. Il dit : « Tous ceux qui me connaissent savent que performer sur scène a toujours été ma partie préférée dans le monde de la musique. Cependant dans des temps comme ceux-là, la sécurité et la protection de l'équipe de tournée, des fans et de chaque personne dans le monde s'agit d'une priorité immédiate. » La tournée est alors reportée à 2021.

La tournée commence à Las Vegas le 4 septembre 2021 avec 42 shows aux États-Unis. C'est Jenny Lewis, une chanteuse américaine indie rock qui en fait la première partie. Au cours de cette étape américaine de la tournée a eu lieu l'événement Harryween les 30 et 31 octobre, avec le chanteur Orville Peck au Madison Square Garden à New York. Pour la première soirée, Harry est déguisé en Dorothy du *Magicien d'Oz* et sa bande en autres personnages du film ; il y chante « Over The Rainbow » de la bande originale du film. Pour la deuxième soirée, il est déguisé en clown Pennywise du film *Ça* et chante une cover de « Toxic » de Britney Spears.

**Harry Styles au Rock & Roll Hall Of Fame Induction Ceremony avec Stevie Nicks- Show au Barclays Center, le 29 mars 2019, à New York.**

▼
Un pochoir "Harry Styles Love On Tour" peint à la bombe sur le trottoir pendant la prestation de Harry Styles à l'émission Today de NBC au Rockefeller Plaza, le 19 mai 2022, à New York.

Harry Styles et son groupe se produisent au United Center de Chicago, le 10 octobre 2022, dans le cadre de sa tournée Love on Tour. ◀

Le 11 juin 2022 commence la tournée européenne en Écosse. Il visite une dizaine de pays européens comme l'Angleterre, l'Allemagne, la France, etc. Mitski, Arlo Parks et Wolf Alice sont chargés des premières parties pour l'Europe. *Harry's House* étant sorti depuis plusieurs mois à ce moment-là, la *setlist* du concert change et la tournée n'est plus que pour *Fine Line*. Le 31 juillet, la partie européenne se termine et Harry retourne aux États-Unis pour réaliser 4 résidences. Une première au Madison Square Garden, 15 concerts en 1 mois, la deuxième résidence est de 6 concerts à Austin, Texas, au Moody Center, puis 6 concerts à l'United Center de Chicago et enfin 12 concerts au Forum de Los Angeles.

Le 20 novembre, c'est au tour de l'Amérique du Sud de recevoir Harry, un continent rarement visité par les chanteurs. Jusqu'au 14 décembre, accompagné de la chanteuse Koffee, il va au Mexique, au Pérou, en Colombie, au Chili, en Argentine et enfin au Brésil.

**Harry Styles sur la scène principale du War Memorial Park, le 29 mai 2022, à Coventry en Angleterre.** ◄

**Harry Styles aux Grammy Awards 2021, à Los Angeles, le 14 mars 2021.**

Et non, ce n'est toujours pas fini !

Le 26 janvier 2023, il retourne sur scène, toujours pour le Love On Tour, avec le groupe Wet Leg en première partie, pour 5 concerts en Californie. Le 20 février, il entame la tournée en Océanie, très attendue par les fans qui l'attendent depuis plusieurs années. Et du 11 au 25 mars il traverse l'Asie : Thaïlande, Philippines, Singapour, Corée du Sud et Japon.
À partir du 13 mai 2023, il entame la dernière partie de Love On tour, sa première tournée des stades, en Europe, en commençant par le Danemark pour finir le 22 juillet 2023 en Italie. Ce concert devrait être le dernier de la tournée, mais quand on voit depuis combien de temps dure cette tournée, on ne serait pas surpris qu'il ajoute encore des concerts ! Sans que ça ne déplaise aux fans, toujours et inlassablement au rendez-vous.

Avec 169 concerts, Harry Styles a vendu plus de 700 000 tickets pour Love On Tour et encaissé plusieurs dizaines de millions de dollars.

Ses deux tournées sont des succès pour les fans. Harry sait faire le show et il se donne à 200 % pendant deux heures sur scène. On en oublie le prix qu'on a payé ou le stress d'acheter ses billets sur les sites bugués. Ce qui plaît aux fans, c'est l'ambiance qui s'est développée à ses concerts. Les fans postent sur les réseaux sociaux leurs tenues toutes pensées au détail près. Ses concerts sont presque devenus un défilé de mode. Les chapeaux de cowboy, les lunettes en forme de cœur, les costumes de banane, les boas en plumes, les paillettes et autres accessoires encore plus originaux. L'occasion de s'amuser et de se

Le groupe Wetleg,
le 9 juillet 2022, à Glasgow
en Écosse.

Harry Styles sur la scène des BRIT Awards ◄
à Londres, le 11 février 2023.

lâcher avec des tenues ultra stylées. Les fans écrivent aussi des pancartes, avec des phrases tendancieuses ou une proposition de « Pierre, feuille, ciseau » pour que Harry chante « Medicine » ! Avec ces pancartes, il interagit énormément avec son public. Il prend souvent plusieurs minutes de ses concerts pour s'arrêter et discuter avec certaines personnes en fosse et on adore retrouver ensuite les vidéos sur Internet. On se rappelle de « *Vodka? No gay!* ».
Harry sait créer un lien avec son public, que ce soit en discutant avec lui ou avec son énergie palpable et communicative.

**Un fan tient une pancarte en espérant que Harry Styles la lira. Les fans se dirigent vers le concert de l'Old Trafford Cricket Ground, le 15 mai 2022.**

Harry et ses danseurs performant sur la scène des Grammy Awards 2023 à Los Angeles le 5 février 2023.

Une tournée de l'ampleur du Love On Tour n'est pas sans rappeller celles d'autres artistes. Les groupes de K-Pop sont devenus des références pour les tournées à gros budget et dans des grandes salles. BTS avec sa tournée Love Yourself a été la plus vendue de 2018, juste après celle d'Ed Sheeran. À Bangkok, ils ont réuni 125 000 fans pour les voir performer. D'autant plus que ce ne sont pas de simples concerts mais de réels spectacles : l'attention portée aux éléments scéniques (les visuels, la lumière…) laisse sans voix. Comment ne pas parler également des chorégraphies ultra travaillées ? Un concert de K-pop est une réelle expérience, un vrai show spectaculaire.

**Le groupe de K-Pop BTS, le 6 novembre 2018, à Incheon, en Corée du Sud.**

**BTS performent pour la célébration annuelle du nouvel an, à Times Square, le 31 décembre 2019.**

Le groupe coréen de K-pop BTS sur le plateau Jimmy Kimmel Live, le 15 novembre 2017, à Los Angeles.

Taylor Swift est elle aussi une référence en matière de grandes tournées. Le Reputation World Stadium Tour en 2018 consistait de 53 shows et a engendré 345 millions de dollars. C'est la troisième tournée féminine la plus lucrative de tous les temps, notamment aux États-Unis et en Amérique du Nord.

Elle a d'ailleurs débuté sa plus grosse tournée le 18 mars 2023 à Glendale aux États-Unis. C'est le Eras Tour, qui comporte des chansons de ses 10 albums. L'achat des billets aux États-Unis a été très compliqué tellement la demande était forte, les files d'attente allaient jusqu'à 1 million de personnes et les prix des billets ont explosé. Cette tournée devrait de nouveau briser tous les records, les dates européennes se font attendre…

**Taylor Swift sur scène lors des American Music Awards 2018, au Microsoft Theater, le 9 octobre 2018, à Los Angeles.** ◄

**Taylor Swift sur scène, à Los Angeles, le 9 octobre 2018.**

1

2

3

4

1. Sarah Jones
2. Mitch Rowland
3. Pauli Lovejoy
4. Niji Adeleye

# La bande

Elin Sandberg

Lorsque Harry part en tournée ou se produit en concert à un événement, il est toujours accompagné de sa bande. Harry a souvent plaisanté, disant que la bande appartient à Sarah plus qu'à lui et l'appelle souvent « Sarah's band ». Sarah et Mitch, en plus d'être un couple, suivent Harry depuis ses débuts en solo et sont une réelle constante dans son équipe. Ils ont été rejoints par Ny Oh pendant la promotion de *Fine Line* puis par Pauli, Niji et Elin aux débuts de *Harry's House*. Lors de la première tournée, Clare Uchima, au piano, et Adam Prendergast formaient la bande aux côtés de Mitch et Sarah.

Ny Oh

*Sarah Jones, batterie*
*Mitch Rowland, guitare*
*Pauli Lovejoy, percussions*
*Niji Adeleye, piano*
*Elin Sandberg, basse*
*Ny Oh, piano et vocales*

# Bêtes de scène

Nous sommes entrés dans une génération de « bêtes de scène », avec des artistes qui ne se contentent plus de juste chanter dans un micro pendant deux heures. Harry Styles, Taylor Swift, Ariana Grande, Lizzo, Paramore, BTS, Blackpink et plein d'autres réalisent des shows de plusieurs heures en dansant et chantant en live.

Hayley Williams du groupe Paramore, le 8 juin 2018, sur scène à Manchester.

**Lizzo sur la scène de l'OVO Hydro, le 08 mars 2023, à Glasgow.**

Blackpink sur la scène Sahara au festival ▲
Coachella, le 12 avril 2019.

◀ Rosalìa à l'O2 Academy Brixton, le 05 décembre 2019, à Londres.

Ariana Grande et Nicki Minaj se produisent sur scène lors des MTV Video Music Awards 2016, le 28 août 2016, à New York.
▼

Taylor Swift sur scène lors des American Music Awards 2018 au Microsoft Theater, le 9 octobre 2018, à Los Angeles.

N'oublions pas les nouvelles têtes montantes de la pop, qui elles aussi savent mener leur show. Sabrina Carpenter est actuellement en pleine tournée pour son album *Emails i can't send*. Les vidéos de ses concerts circulent à plein régime sur les réseaux sociaux quand elle change les paroles du dernier couplet de sa chanson « Nonsense », à chaque concert.
Olivia Rodrigo, qualifiée de « nouvelle Taylor Swift », bouleverse les foules avec ses chansons où règnent l'amour et la douleur des ruptures.
Gracie Abrams, quant à elle, se produit en ce moment en première partie de l'Era's Tour de Taylor Swift et, doucement, se fait une place à l'international.

**Sabrina Carpenter sur scène à Boston le 10 décembre 2017.**

**Gracie Abrams le 18 mai 2022 en concert à Londres.**

Olivia Rodrigo sur scène
au festival Glastonbury,
le 15 juin 2022.

# Le grand écran et plus encore…

# Le cinéma

En 2016, juste après avoir quitté les One Direction, Harry tourne dans le film *Dunkerque* de Christopher Nolan. Son rôle reste un mystère jusqu'à la sortie du film. Pour le film, il se coupe les cheveux après avoir porté les cheveux longs pendant 6 ans et brise le cœur de beaucoup à travers le monde (personne ne s'en est remis depuis). Le film sort le 19 juillet 2017 en France. Harry y joue un soldat anglais du nom d'Alex. Tout comme ses compères, il essaye tant bien que mal de sortir de Dunkerque, assiégée par les Allemands. Bien qu'il ne parle que très peu et qu'il n'apparaît que dans quelques scènes, Harry a eu le respect des critiques de cinéma pour ce rôle. Pour une première expérience, beaucoup ont été surpris par son jeu d'acteur et son sérieux. Les fans du chanteur n'ont qu'une hâte, en voir plus. Sait-il vraiment tout faire ?

Harry Styles à l'avant-première du film Dunkerque, à Londres, le 13 juillet 2017.

Et pour ça il va falloir attendre 4 ans pour le revoir sur nos grands écrans. En 2021, sort le film Marvel très attendu, *Les Éternels,* réalisé par Chloé Zhao. Comme pour tous les films Marvel, et les connaisseurs le savent, il faut bien rester jusqu'à la fin du générique pour voir les scènes exclusives. Quelle fût la surprise des fans en voyant arriver Harry Styles en tant que héros Starfox dans la première scène post-générique. Il est accompagné de Pip le troll qui le présente aux membres des Éternels présents. Starfox, ou Éros, est un Titan, comme Thanos qui est son frère. Outre l'immortalité d'un Éternel, il a le pouvoir de stimuler psychiquement les centres du plaisir dans le cerveau des gens, ce qui signifie qu'il peut manipuler leurs émotions et les rendre excités, euphoriques ou *stone*. Il est confirmé que Harry sera dans les prochains films *Éternels* ; il aurait signé un gros contrat avec les studios Marvel qui s'élèverait à plus de 100 millions de dollars. Son arrivée dans le MCU a laissé les fans de comics un peu sceptiques, certains pas vraiment sûrs qu'il ait la carrure pour jouer un super-héros. Il va falloir attendre et voir. Harry, tout comme son personnage, est charismatique et a un certain talent pour le flirt. Pourquoi ne pas lui laisser une chance ?

L'actrice Angelina Jolie sur le tapis rouge de l'avant-première du film Eternals, le 24 octobre 2021, à Rome.

**Harry Styles au 79e festival international du film de Venise, le 5 septembre 2022.**

Harry a sa plus grosse année en tant qu'acteur en 2022, avec deux films sortis au box-office.

Le film *Don't Worry Darling* sort le 23 septembre et est réalisé par Olivia Wilde, la compagne de Harry à l'époque. Il donne la réplique à la talentueuse Florence Pugh. Les deux jouent le rôle d'un couple, Jack et Alice, dans une Californie des années 1950, qui emménage dans une maison de quartier résidentiel aux airs dystopiques ; les maisons se ressemblent ainsi que les couples qui y vivent. Tous les matins, les hommes partent travailler au « Projet Victory » pendant que les femmes restent à la maison pour tenir leur rôle de femmes au foyer. Il y a comme un air de secte, avec leur leader joué par Chris Pine.
Quand le film est annoncé en 2020, il est très attendu, de par le casting impressionnant et le synopsis prometteur. Pendant le tournage, beaucoup de photos fuitent, des décors et des costumes, et l'excitation augmente. Lors de la promo

du film en 2022, le film fait beaucoup parler de lui mais pas pour les raisons que l'on pourrait penser... Des rumeurs courent sur le fait que le tournage du film ne s'est pas bien passé entre la réalisatrice et Florence Pugh, ce qui aurait fini en disputes devant les équipes. Cela a, néanmoins, été vivement contredit par les deux parties. Pourtant, pendant l'avant-première à la Mostra de Venise, Florence n'a participé à aucune promo pour le film, n'est venue qu'au tapis rouge et n'a pas posé auprès de Harry ou d'Olivia, ce qui a alimenté les rumeurs. Lorsque le film sort dans les salles, ce n'est pas un franc succès niveau critiques. Le film reçoit un décevant 38 % sur *Rotten Tomatoes*, une critique le décrivant « creux et décevant » ou encore « prédictible ». Et Harry n'est pas caressé dans le sens du poil dans ces critiques. Certains le trouvent sans charisme et pas à la hauteur de ce genre de rôle. On ne va pas se mentir, ce n'est peut-être pas son meilleur rôle, et il est difficile d'arriver à la cheville de la talentueuse Florence Pugh, mais il a le mérite d'avoir essayé ! Espérons juste qu'il ne recommence pas !

Le film a tout de même récolté 83 millions de dollars au box-office et a pu rentabiliser son budget.

**Nick Kroll, Florence Pugh, Chris Pine, Olivia Wilde, Sydney Chandler, Harry Styles et Gemma Chan au 79e festival international du film, le 5 septembre 2022, à Venise.**

Harry Styles,
le 19 septembre 2022,
à un évènement pour
son film Don't Worry
Darling, à New York.

Son deuxième film de 2022 sort le 4 novembre sur une plateforme de streaming, *My Policeman,* réalisé par Michael Grandage et inspiré du roman du même nom de Bethan Roberts. Il raconte la relation amoureuse entre un peintre et un policier de Brighton dans les années 1950 lorsque l'homosexualité était encore illégale. Harry joue le rôle de Tom qui se retrouve dans un triangle amoureux avec sa femme Marion (jouée par Emma Corrin) et son ami Patrick (joué par David Dawson). Un film dramatique, tragique, qui vient nous prendre aux tripes et faire jaillir nos larmes. Le film a été plutôt bien reçu par les critiques, mais pas le jeu d'acteur de Harry, malheureusement. Un critique du *Guardian* écrit que Harry est « tout en construction et sans conviction, un artiste aussi peu sûr de ses capacités que nous le sommes » et ce n'est pas le seul à le dire.

Pour l'instant, le monde du cinéma n'a pas encore l'air très convaincu par Harry Styles et sa carrière d'acteur. Et, franchement, les fans non plus. On attend encore qu'il accepte une comédie romantique style années 2000, ce qui lui irait à la perfection, non ?

Un rôle non mentionné avant, mais que l'on ne peut oublier, c'est lui-même dans *iCarly* en 2012. Une performance qui aurait mérité plusieurs Oscars !

**David Dawson et Harry Styles sont vus sur le plateau de tournage de *My Policeman*, le 4 mai 2021, à Brighton.**

**Harry Styles sur le plateau de tournage de *My Policeman* le 14 mai 2021 à Brighton** ◄

POLICE • PUBLIC

Harry Styles n'est pas le seul chanteur à avoir fait le saut de la chanson au cinéma.

Nous pouvons également parler de la reine, Taylor Swift qui, elle aussi, a eu ses petits moments sur grand écran. En 2009, elle joue dans un épisode de la série policière *Les Experts* où elle incarne une adolescente en pleine rébellion qui (malheureusement pour les fans) se fait assassiner. La même année, elle présente l'émission *Saturday Night Live* pour la première fois de sa carrière et elle impressionne beaucoup de monde avec ses talents d'actrice.

En 2010, elle donne la réplique à Taylor Lautner (le beau loup-garou de *Twilight*) dans la comédie romantique *Valentine's Day*. Elle y joue une *cheerleader* absolument dingue de son petit ami et complètement excentrique. Elle a su englober le degré comique de son personnage et ça fonctionne.

Deux ans plus tard, elle donne sa voix à Daphné, un personnage du dessin animé *Le Lorax* où elle joue aux côtés de Zac Efron. L'année d'après, Taylor joue un petit rôle dans la série comique *New Girl*, il s'agit d'Elaine, qui vient stopper le mariage de l'amour de sa vie. En 2014, elle partage l'écran avec Katie Holmes et Jeff Bridges dans l'adaptation de *The Giver*, où elle joue Rosemary.

Plus récemment, fin 2019, elle a participé à la catastrophe cinématographique *Cats* d'Andrew LLoyd Weber et réalisé par Tom Hooper, avec Jennifer Hudson et Judi Dench ; elle y joue Bombalurina et écrit une chanson pour le film, « Beautiful Ghosts ». Ce film reste encore à ce jour le pire film de la décennie mais on la pardonne quand on connaît son amour pour les chats… Enfin, le 7 octobre 2022, elle a un petit rôle dans le film *Amsterdam* de David O. Russell.

**Taylor Swift lors de la première mondiale du nouveau film Cats, le 16 décembre 2019, à New York.** ◄

**Taylor Swift et Taylor Lautner dans le film Valentine's Day.**

CATS

Lady Gaga pose avec son Oscar à Hollywood, Californie, le 24 février 2019.

Pouvons-nous faire un chapitre sur les stars de la chanson devenues stars du cinéma sans parler de Lady Gaga ? Lady Gaga est une des chanteuses qui a le mieux réussi en tant qu'actrice. De 2009 à 2014, elle joue des petits rôles dans des films et des séries ; dans *Gossip Girl* (où elle joue en tant qu'elle-même), dans le film *Sin City* en 2014, où elle joue le rôle d'une serveuse. C'est en 2015 qu'elle obtient son premier grand rôle dans *American Horror Story: Hotel* de Ryan Murphy, où elle interprète la comtesse Elizabeth Johnson, assoiffée de sang, qui dirige l'hôtel cauchemardesque. Elle revient dans la saison suivante, *American Horror Story : Roanoke*, pour y jouer Scáthach.

En 2018, c'est l'apothéose avec le rôle d'Ally Campana-Main dans le film oscarisé *A Star Is Born*. Lady Gaga remporte toutes les critiques, impressionnant le monde du cinéma par son talent et son sérieux, et ses premières nominations aux Oscars en tant que meilleure actrice, qu'elle ne gagnera pas, mais elle aura l'Oscar de la meilleure chanson originale pour « Shallow ».

En 2021, elle confirme ses talents dans le rôle de Patrizia Reggiani dans le biopic *House Of Gucci* réalisé par Ridley Scott.

La chanteuse, devenue actrice, tourne actuellement le deuxième volet du film à succès *Le Joker : Folie à deux*, aux côtés de Joaquin Phoenix, qui devrait être une comédie musicale. Encore une chance pour elle de se démarquer et montrer son talent au monde.

**Lady Gaga sur le tournage du film *House Of Gucci*, le 11 mars 2021, à Milan.**

**Lady Gaga sur le tournage de *Joker : folie à deux*, le 25 mars 2023, à New York.**

Si l'on devait comparer Harry Styles avec une autre célébrité en termes de parcours, ce serait sans hésiter Justin Timberlake. Les deux ont été connus dans un boys band et quand il a été question de carrière solo, ce sont ces deux-là qui ont eu le plus de succès. Tous deux se sont également tournés vers le cinéma par la suite.

En 2010, il joue pour le grand réalisateur David Fincher dans *The Social Network*, film sur la création d'un célèbre réseau social. Puis il enchaîne plusieurs comédies : *Bad Teacher* de Jake Kasdan avec Cameron Diaz, *Sexe entre amis* de Will Gluck aux côtés de Mila Kunis.

Aucun de ses rôles au cinéma ne sera révolutionnaire mais il s'accroche. Son dernier projet en date est sorti en 2021 ; il joue le rôle d'Eddie Palmer dans le drame américain *Palmer* réalisé par Fisher Stevens. *Good for him !*

**Justin Timberlake en août 1999.**

# Beauty queens and kings

Harry chante, il joue dans des films et on pourrait penser que c'est déjà bien assez, mais non ! C'est en novembre 2021 qu'il lance sa marque de cosmétiques non-binaires nommée Pleasing. La marque, à sa sortie, se compose de vernis, de perles lumineuses pour le visage et un soin pour les lèvres. Quand il parle de la marque, Harry dit que les produits sont faits pour tout le monde, il n'y pas d'âge, de genre ou de taille spécifique. Il veut que chacun trouve son bonheur dans ses produits.

Aujourd'hui, on trouve sur le site une grande sélection de vernis à ongles (que l'on sait que Harry adore car il en porte tout le temps), plusieurs soins pour visage et corps et même des vêtements, accessoires et *tote bags*. Les prix sont tout de même assez élevés : 25 euros le vernis ou encore 137 euros le sweat-shirt, ce n'est pas donné donné.

Harry n'est pas le premier à se lancer dans un autre business en dehors de la chanson ou du cinéma. Au début des années 2000, la mode pour les célébrités était de sortir leur propre parfum. Une vraie fan des One Direction a forcément eu sa bouteille de Our Moment. Ne mentez pas.

**Zoom sur les accessoires d'Harry sur tapis rouge de *Don't Worry Darling*, lors de la 79e édition du festival international du film de Venise, le 5 septembre 2022.**

C'est Rihanna, en 2017, qui a été la première à prendre au sérieux ces *side business*. Elle crée Fenty Beauty, une marque de cosmétiques inclusive qui va changer le jeu du maquillage à jamais. Avant l'arrivée de Fenty Beauty dans les stands de Sephora, trouver sa teinte de maquillage pour les peaux noires était quasiment impossible, par exemple, certaines marques n'allant pas plus sombre qu'un beige orangé. Au lancement de Fenty Beauty, c'est plus de 40 teintes de fond de teint qui offrent à tous et à toutes une possibilité de se maquiller. Elle a depuis sorti des dizaines de nouvelles collections, vendues à des millions de clients. La marque vaut aujourd'hui plus d'un milliard de dollars. Rihanna ne s'est pas arrêtée à la cosmétique et a même sorti sa marque de haute couture. Elle aurait encore beaucoup d'autres projets dont une marque de vin. Dans tous les cas, nous serons les premiers à acheter, car tout ce que Riri fait, on achète (même si ce n'est TOUJOURS pas un nouvel album…).

En 2020, c'est la chanteuse et actrice Selena Gomez qui rejoint Rihanna dans le business du maquillage avec sa marque Rare Beauty. Tout comme Fenty Beauty, la marque se veut inclusive et destinée à tout le monde. L'actrice a d'ailleurs fait remarquer que ses produits sont accessibles pour les personnes handicapées de par leur fonctionnalité ; elle souffre elle-même d'un lupus et souffre de tremblements, donc pendant la création de sa marque, elle a dû réfléchir à ce genre de détails.

Selena et Rihanna ne sont pas les seules. Jennifer Lopez, Lady Gaga, Millie Bobby Brown et des dizaines d'autres célébrités se sont elles aussi lancées dans des marques de cosmétiques, à succès… ou pas !

1

2

**1.Rihanna assiste au lancement de sa nouvelle marque Fenty Beauty, au Lotte Cinema World Tower, le 17 septembre 2019, à Séoul en Corée du Sud.**

**2.Selena Gomez au brunch de Variety's 2022 Hitmakers, le 3 décembre 2022, à Los Angeles.**

# Icône(s) de mode

# Les cheveux

**Quelle est la première chose que l'on remarque chez une personne ? Ses cheveux ! Et Harry nous a donné beaucoup, beaucoup de coupes de cheveux, depuis qu'on le connaît. Certaines qui lui allaient très bien et d'autres dont il faut que l'on parle… De 2010 à 2023, voici le meilleur et le pire de ses coiffures.**

**On commence en 2010. Âgé de 16 ans, petites frisettes de jeune garçon et petit air innocent sur son visage.**

**Début 2011, c'est terrible. Toujours les mêmes bouclettes, mais multipliées par mille. Ses cheveux donnent l'impression d'avoir triplé de volume et on pourrait parler d'un casque de cheveux ! La petite mèche sur le côté ne peut que nous rappeler la fameuse coupe Justin Bieber des années 2010.**

La coupe évolue un peu dans l'année 2012 en montrant un peu plus de front mais ça ne la rend pas plus sympathique à regarder ! La mèche sur le côté est malheureusement toujours présente...

Ah l'année 2013 ! Ou devrions-nous l'appeler l'année du *frat boy* Harry ? Ce bandana a changé des vies. Harry porte pendant quasiment toute l'année des bandanas qu'il utilise pour amener ses cheveux en arrière. Peut-être pas au goût de tout le monde aujourd'hui, mais ça fonctionne avec les fans, cette année-là.

2014 est l'année de « Prince Harry », comme les fans aiment le décrire. Les cheveux un peu plus longs qu'à l'habitude, juste au-dessus des épaules, avec une raie sur le côté, Harry a l'allure d'un « prince », selon certaines fans qui nomment cette coupe de cheveux ainsi.

En 2015, il laisse pousser ses cheveux en dessous des épaules. Les cheveux toujours un peu gras, jamais vraiment coiffés, et la raie jamais du même côté, Harry prend des allures de rockstar des années 1970 avec cette coupe et multiplie son sex-appeal par 5.

En 2018, toujours une coupe assez courte mais il laisse pousser un peu plus. Ses cheveux ont une allure désordonnée que nous ne pouvons qu'aimer. Cette coupe reste la même jusqu'en 2020, sans changement majeur.

Quand il coupe ses cheveux en 2016, il brise le cœur de nombreuses fans sur terre. Pour son rôle dans *Dunkerque,* il doit malheureusement se séparer de sa chevelure de princesse, mais on n'est pas si déçu que ça ! Il gagne en maturité avec sa coupe de cheveux et paraît plus sérieux aussi. Il garde cette coupe tout au long de 2017 aussi.

**En 2020, nous pouvons évoquer un laisser-aller, il n'y a plus aucune forme ni de nouveauté. Il se laisse pousser moustache et barbe. Pourrait-on l'appeler « Papy Harry » ?**

**En 2022, aucun changement. On pourrait penser qu'il a trouvé dans sa coupe quelque chose qu'il veut garder pour un moment. Bien que ça lui aille parfaitement, on aimerait un retour des cheveux longs...**

# Les tenues de scène

Harry a su transformer ses concerts en défilés de mode grâce à ses tenues différentes chaque soir. Il a toujours mis l'accent sur ses tenues lorsqu'il performe et il ne se limite jamais. Il l'explique lui-même à *Vogue* en 2020 : « Les vêtements sont là pour s'amuser, expérimenter et jouer avec. Chaque fois que vous mettez des barrières dans votre propre vie, vous vous limitez. Il y a tellement de joie à jouer avec les vêtements. » Et c'est exactement ce qu'il sait faire avec son styliste Harry Lambert. Lambert est son styliste depuis 2014. Quand Harry était plutôt fan de Saint-Laurent et des tenues sobres, Lambert l'a introduit à une mode plus fun et ludique avec des marques comme Gucci, JW Anderson ou Harris Reed. Ils ont d'ailleurs changé la vie de ce dernier créateur, qui était encore en école de mode au moment où ils l'ont chargé de confectionner des vêtements pour Harry.

Pour la tournée Live On Tour, Harry Lambert opte pour des costumes pour Harry. Un costume différent pour chaque soirée, avec à chaque fois une petite touche par rapport au pays du concert. Il porte par exemple au Mexique un costume avec des franges qui pendent des manches ; à Las Vegas, il porte un costume qui semble s'apparenter au joker d'un jeu de cartes en référence au monde du casino ; à Glasgow il garde la veste de costume et échange le pantalon par un kilt. Ce sont ces petits détails qui rendent la mode de Live On Tour aussi intéressante.

Quand la tournée Love On Tour débute en 2021, les fans s'attendent à la même façon de procéder, mais Lambert a plus d'un tour dans son sac. Il reprend la tenue que Harry porte sur la couverture de l'album *Fine Line*, le pantalon à pince, la chemise et les bretelles, sauf qu'il change le code couleur chaque soir. Pantalon beige, chemise lila ou pantalon rouge, chemise bleue à rayures. C'est bien évidemment Gucci qui s'occupe de ces créations et cela crée le suspense à chaque soir de concert. « Quelles couleurs allons-nous voir ce soir ? » Il y a tout de même quelques exceptions certains soirs : des vestes sans manches à franges, des justaucorps à paillettes... Quand *Harry's House* sort, la tournée continue mais les tenues changent. Fini l'ensemble *Fine Line*, et bonjour l'ensemble tee-shirt, pantalon et gros collier de perles coloré, ainsi que de nombreuses combinaisons colorées très moulantes.

L'attente de sa tenue à chaque concert rend ses concerts encore plus excitants ! Quelle tenue va-t-il porter à mon concert ? Aurai-je la chance de le voir torse nu sous sa veste ou portant le tee-shirt à motifs avec le pantalon simple ? Au moins, il nous donne une image colorée et fun, différente de sa période chez les One Direction où généralement il portait des jeans slims noirs, tellement serrés qu'on se demandait s'il arrivait à respirer dedans, et avec des tee-shirts tout basiques.

À Coachella, pour le premier week-end, il porte une combinaison en sequins multicolores avec une veste en fourrure noire. Pour le deuxième week-end il opte pour un ensemble « cowgirl » rose en cuir. Un pantalon moulant avec ses initiales sur chaque fesse, une veste sans manches et rien en dessous, et une veste en fourrure rose XXL pour finir.

Notons que les fans ont beaucoup aimé sa tenue de scène aux Grammys 2023, une combinaison argentée à franges qui bouge avec son corps et joue avec les lumières. On adore ! Il ressemble à une boule à facettes (dans le meilleur sens du terme).

# Les tapis rouges

Tout comme sur scène, Harry sait faire le show sur les tapis rouges et ne laisse aucun détail au hasard. Toujours aidé par son styliste Harry Lambert, il choisit souvent Gucci et joue avec les matières, les couleurs et les motifs. Un simple costume noir qui nous fait dormir debout ? Jamais pour Harry ! Le tapis rouge lui appartient et il sait l'utiliser à sa façon.

Récemment sur le tapis rouge des Brit Awards, le costume noir est repris avec Nina Ricci par Harris Reed. Il a cette forme de sablier qui vient embrasser sa taille et lui donner une allure *snatched* ! La fleur autour du cou, elle plaît ou elle ne plaît pas. Mais elle vient finir le look et sans elle, ce ne serait pas un look à la Harry. Le même soir, sur scène, il a aussi porté un pantalon de costume noir avec une veste rouge à sequins *cropped*. Comme souvent, il utilise ses nombreux tatouages comme accessoires à son look et ça fonctionne !

Au Grammys 2023, il a carrément laissé tomber le costume et est apparu sur le tapis rouge dans une combinaison arc-en-ciel à motifs Arlequin réalisé avec des cristaux Swarovski. Cette tenue n'a pas vraiment fait l'unanimité, certains le comparaient à un clown. Écoutez, sur autrui, c'est vrai, on pourrait le dire, mais si quelqu'un peut se permettre de ressembler à un clown et de le faire fonctionner, c'est bien Harry !

**Harry Styles sur le tapis rouge des Brit Awards, le 11 février 2023, à Londres.**

**Harry Styles aux Grammy Awards 202,3 à Los Angeles, le 5 février 2023.**

Harry Styles à Venise, le 5 septembre 2022.

Harry Styles aux Brit Awards à Londres, le 18 février 2020.

Harry Styles à l'avant-première de *My Policeman*, à New York, le 1er novembre 2022.

Harry Styles aux Grammy Awards 2021, le 15 mars 2021, à Los Angeles.

# Son influence sur la mode

En tant que membre des One Direction, on ne peut pas dire qu'il ait révolutionné la mode, à part trouver les jeans slims les plus serrés et mettre des bottes Chelsea, il n'a jamais été novateur. Mais à partir de 2017, on sent qu'il veut tenter des choses et s'exprimer à travers ses vêtements. Peut-être était-il freiné pendant qu'il était dans le groupe, qu'il n'osait pas, ou qu'il voulait garder une certaine cohésion d'ensemble. Mais dès qu'il se lance en solo, il se trouve réellement une identité visuelle, avec l'aide d'Harry Lambert. Quelque chose d'ultra coloré, d'original, qui brise les codes de la mode « masculine » : il semble sincèrement s'amuser avec son style et ça fait plaisir à voir.

**Les One Direction aux American Music Awards 2015, le 22 novembre 2015, à Los Angeles. On constate déjà qu'Harry est plus original, avec ce super costume tapisserie !**

En 2020, il est le premier homme à faire la couverture en solo de *Vogue*. Cette couverture a beaucoup fait parler d'elle, car Harry y porte une robe Gucci. Il décide que la mode pour lui ne devrait pas avoir de genre, il dit même dans l'interview : « Je me surprends à regarder des vêtements féminins et à les trouver superbes ». Et on ne peut que l'applaudir pour cela. Dans ce même *photoshoot*, il porte aussi un ensemble veste et kilt de chez Comme des Garçons. Homme pour renforcer cette idée de mode sans genre. Il ouvre le champ des possibles pour les hommes qui auraient trop peur de briser ces codes.Une célébrité comme Harry qui se montre publiquement brisant les barrières du genre est très important, car il devient un exemple pour les plus jeunes, pour qu'ils voient que la mode, les vêtements, n'ont pas d'étiquette et qu'on peut bien porter ce que l'on veut.

Mais Harry n'est pas le premier ! Il ne faut pas oublier les autres hommes qui ont eux aussi cassé la barrière du genre dans la mode :
Kid Cudi porte une robe de mariée aux CFDA Awards 2021. En avril 2021, il porte aussi une robe lors d'une performance à Saturday Night Live.

Freddy Mercury est un des premiers de sa génération à avoir osé défier les « lois de la mode » dans le clip « I Want To Break Free » de Queen, où il porte une mini-jupe, du maquillage et des talons hauts. Mais, également, ses impressionnantes tenues de scène ne sont pas sans rappeler celles d'Harry !

Lewis Hamilton, pilote de Formule 1, porte une jupe en couverture de *GQ* en août 2018, brisant les stéréotypes des athlètes qui ne pourraient pas porter de vêtements jugés « trop féminins ». Il a aussi porté plusieurs fois des jupes dans le paddock lors des weekend de courses.

**Freddy Mercury sur scène, à New York, le 27 juillet 1983.**

**Kid Cudi, à New York, le 10 novembre 2021.**

Sa collaboration avec la marque de luxe Gucci a commencé à sa sortie du boys band et sa rencontre avec le directeur artistique de la marque, Alessandro Michele. En juin 2022, ils annoncent leur toute première collaboration dans une collection Gucci qui se nomme « Gucci Ha Ha Ha ». L'ambiance de la collection est principalement celle du *vintage* britannique des années 1970. C'est amusant, excentrique et coloré, avec une touche de mode royale. Comme d'habitude avec Gucci, on découvre un mélange de motifs et de textures. Petits oursons, cerises, lapins et bananes viennent orner la collection. Il faudrait être vraiment très riche pour pouvoir s'offrir une pièce de la collection, mais on apprécie la regarder.

**Alessandro Michele et Harry Styles au MET Gala, le 6 mai 2019, à New York.**

# Et les amours ?

Si Harry est connu pour ses chansons, pour son style, ou même pour sa carrière d'acteur (qui sait ?), il est aussi bien connu pour ses relations amoureuses au fil des années et on ne pouvait pas ne pas en discuter.

Sa sexualité est souvent le sujet de beaucoup d'articles de presse; est-il homosexuel ? Bi ? Hétéro ? Son orientation sexuelle a l'air d'énormément intéresser la presse. Dans notre cas, ça nous passe bien par-dessus la casquette. Il dit lui-même ne pas vouloir se mettre d'étiquette, que ces étiquettes sont « dépassées ».

Il n'a d'ailleurs jamais voulu répondre des rumeurs entre lui et son collègue des One Direction, Louis Tomlinson. Le couple « Larry » est très défendu par beaucoup de fans, certains en écrivent même des fanfictions et disent avoir des centaines de preuves concernant l'existence de ce couple. On ne saura peut-être jamais s'ils étaient ensemble ou pas, et aucun des deux a confirmé la véracitéde ces fameuses preuves (on n'oublie quand même pas Princess Park).

« *L'idée générale de la direction que nous devrions prendre, qui est d'accepter tout le monde et d'être plus ouvert, est que cela n'a pas d'importance, et qu'il s'agit de ne pas avoir à tout étiqueter, de ne pas avoir à clarifier les cases que l'on coche.* »

Harry Styles et Louis Tomlinson.

Harry Styles en concert, le 20 septembre 2017, à Los Angeles.

Il est évidemment connu comme un allié iconique de la cause LGBT+. En 2018, il a même été nommé comme Allié de l'année aux British LGBT Awards. De plus, à chacun de ses concerts, il attrape des drapeaux LGBT+ qu'il brandit sur la scène et il donne à beaucoup d'associations caritatives. Bien qu'on ne devrait pas féliciter un poisson pour savoir nager, cela fait tout de même plaisir qu'un artiste s'intéresse à tous ses fans et les soutienne.

# Rétrospective du *love*

Maintenant, faisons un tour dans le passé et évoquons les quelques relations de Harry depuis ses débuts :

### Caroline Flack

Ils se rencontrent pendant *The X Factor,* elle anime l'émission et il y participe en 2010. Elle a 31 ans et il en a 16. Il a un crush pour elle tout au long de l'émission, elle le confirmera plus tard dans son autobiographie *Storm in a C-cup*. Ils se mettent ensemble en 2011, mais l'histoire ne va pas durer. Après qu'il ait été photographié en train de sortir de chez elle maintes fois, elle commence à recevoir des menaces de mort et est qualifée de « pédophile ». Harry est mineur à l'époque et cette relation cause du tumulte dans la presse. Ils se séparent au bout de quelques mois.

Caroline est décédée en 2020, retrouvée inanimée chez elle à Londres. Harry lui rend hommage aux Brit Awards de la même année en interprétant sa chanson *Falling* et en arborant sur sa tenue un ruban noir.

Caroline Flack aux Brit Awards 2010, à Londres, le 16 février 2010.

## Taylor Swift

Harry et Taylor est probablement le couple préféré des deux *fanbases*. On parle souvent du « divorce » quand on parle de leur séparation. Et vous, pour qui avez-vous pris parti dans le divorce ? Maman (Taylor) ou papa (Harry) ?

Ils commencent à sortir ensemble en novembre 2012 lorsqu'ils sont photographiés en balade à Central Park avec la coiffeuse des One Direction, Lou Teasdale, et sa fille Lux. Ils passent ensuite le nouvel an 2013 ensemble à New York où plusieurs photos vont briser Internet ! Ainsi qu'une vidéo d'eux échangeant un baiser de nouvelle année à minuit en plein Times Square.

Ils se seraient séparés aux alentours de janvier cette même année lors d'un voyage aux îles Vierges après une grosse dispute. Une photo de Taylor seule sur un bateau en train de repartir de l'île a fait le tour des réseaux à cette époque.

Après la rupture des deux artistes, les chansons ont émergé. En février 2013, les fans pensaient que Taylor se moquait de Harry lorsqu'elle semblait imiter un accent anglais en interprétant le bridge de sa chanson « We Are Never Ever Getting Back Together ».
Dans son clip de « I Knew You Were Trouble », Taylor est dans une relation toxique avec un jeune garçon aux tatouages très similaires à ceux de Harry. En 2014, elle sort son album *1989* qui semble raconter son histoire avec Harry. Elle y a d'ailleurs écrit une chanson qu'elle nomme « Style » (oui, on se demande bien sûr qui elle pourrait être !) et ne parvient pas à expliquer pourquoi ce nom. Sans compter qu'elle évoque un homicide involontaire commis à bord de leur voiture dans cette chanson (les fans sauront !). Dans le clip de la chanson, elle porte d'ailleurs un collier rappelant un avion en papier, le même que Harry portrait à l'époque.
Par ailleurs, dans la chanson « Out Of The Woods », il est question d'un accident de motoneige, et nous savons que Harry et elle en ont vécu un pendant leur relation ! Cela fait beaucoup de coïncidences !

En 2017, Harry sort sa chanson « Two Ghosts » au sujet de sa relation avec Taylor. Quand on lui demande de quoi parle la chanson, il répond: « Je pense que c'est assez explicite. Il s'agit du fait que parfois les choses changent et que l'on peut faire toutes les mêmes choses, mais que parfois c'est juste différent. »

Ils se sont retrouvés publiquement pour la première fois depuis 2013 aux Grammys 2021 et ont de nouveau brisé Internet après avoir été photographiés en train de discuter ! Ce qu'on aimerait être une mouche sur les murs à ce moment !

Taylor Swift et Harry Styles à Central Park, le 2 décembre 2012, à New York.

## Kendall Jenner

On ne sait pas quand ce couple s'est mis ensemble réellement mais les rumeurs ont commencé en janvier 2014, lorsqu'ils ont été aperçus en voyage de ski ensemble. Après ça, il n'y a jamais eu d'officialisation du couple, mais Khloé Kardashian, la sœur de Kendall, a confirmé qu'ils étaient ensemble en janvier 2016. Ce dont on est sûrs, c'est que leur relation s'est terminée vers avril 2016, quand Kendall a été aperçue avec un basketteur.

Le premier album de Harry est beaucoup inspiré de sa relation avec Kendall, il le dit lui-même dans une interview pour *Rolling Stone* en 2017 : « Elle représente une part importante de l'album. Parfois, vous voulez lui donner un coup de chapeau, et parfois vous voulez lui donner toute la casquette... en espérant qu'elle sache que c'est juste pour elle. »

**Harry Styles, le 14 décembre 2013, arrivant à l'hôtel de Kendall Jenner, à Londres.**

**Kendall Jenner, le 22 février 2014, à Los Angeles.**

## Camille Rowe

Camille et Harry se sont rencontrés en 2017, introduits par leur amie commune Alexa Chung. Ils ont été souvent aperçus ensemble, sortant de restaurants ou dans la rue. On sait qu'elle a même rencontré sa mère et sa sœur, Gemma.

La dernière fois qu'ils ont été vus ensemble, c'est en juillet 2018, au dernier concert de la tournée Live On Tour à Los Angeles. Ils se sont ensuite séparés. C'est d'ailleurs cette rupture qui a largement inspiré le deuxième album de Harry, *Fine Line*. Dans la chanson « Cherry », on entend d'ailleurs un message vocal de Camille à la fin de la chanson, en français. Harry dit que le message a été ajouté après l'enregistrement de la chanson, qu'il semblait faire partie intégrante de la chanson. On entend la française répéter plusieurs fois, en fond dans la chanson, « Coucou ».

Camille Rowe, le 26 septembre 2017, à Paris.

Olivia Wilde et Harry Styles, à Venise, le 5 septembre 2022.

## Olivia Wilde

Harry rencontre Olivia Wilde en 2020 sur le tournage du film *Don't Worry Darling* ; elle est la réalisatrice et il joue le rôle principal. En janvier 2021, ils confirment leur couple quand ils sont photographiés main dans la main au mariage du manager de Harry, Jeff Azoff. Il aurait même parlé d'elle comme de sa « petite amie » pendant son discours de témoin. Contrairement à ses anciennes relations, Harry décide de ne pas se cacher avec Olivia. En juillet 2021, ils sont même photographiés en Italie, en séjour en amoureux, à s'embrasser sur un bateau. Leur relation a commencé à être quelque peu entachée par des rumeurs de tromperie. En effet, Olivia était fiancée à l'acteur Jason Sudeikis et avait annoncé leur séparation trois mois avant que la nouvelle n'éclate au sujet d'Harry et d'elle. Des sources proches ont commencé à raconter qu'Olivia avait commencé à sortir avec Harry alors qu'elle était encore avec Jason et les journaux à potins ont adoré. Olivia a évidemment démenti ces rumeurs mais on ne saura jamais vraiment la vérité.

Ils ont continué à être photographiés ensemble pendant 1 an et demi, Olivia très souvent présente à ses concerts du Love On Tour et le suivant dans le monde entier. Une petite amie très solidaire et qui vous encourage ! Harry aurait d'ailleurs écrit certaines des chansons sur son 3e album, *Harry's House*, inspirées par Olivia. « Late Night Talking ».

Ils se seraient séparés en décembre 2022 à cause de leurs emplois du temps et de leur vie de famille, Olivia ayant deux enfants de sa relation avec Jason Sudeikis.

**Harry Styles et Olivia Wilde à Londres, le 15 mars 2022.**

Emily Ratajkowski à la Vanity Fair Oscar Party,
le 12 mars 2023, à Los Angeles.

### Emily Ratajkowski

En mars 2023, une vidéo de Harry et Emily Ratajkowski qui partagent un baiser à Tokyo au Japon, ainsi qu'une vidéo d'eux où ils dansent dans la rue fuitent sur la toile. On n'en sait pour l'instant pas plus, mais ce baiser a déjà beaucoup fait parler de lui !

# conclusion

Pourquoi le phénomène Harry Styles est-il si énorme ? Il a du style. Oui, c'est peut-être cliché de le dire comme ça, mais c'est vrai ! Il est à la mode et ça fonctionne. Harry n'est pas seulement un chanteur : c'est une célébrité, un influenceur, une image. Ce qu'il renvoie et ce qu'il est, c'est ce qui plaît à ses fans. Le fait de s'habiller d'une certaine façon juste pour aller à ses concerts crée un petit rituel entre lui et ses fans, une sorte de secret juste entre eux. Il met des tenues de folie, les personnes qui vont à ses concerts aussi : tout le monde peut s'éclater avec son apparence et ça, c'est une dimension non négligeable de la personnalité d'Harry Styles.

Ses chansons parlent d'amour, de rupture, de solitude, de tristesse, de joie, en gros de ce que l'on vit tous les jours. Il chante sur des sujets auxquels on peut s'identifier tout en s'amusant... ou en pleurant à chaudes larmes. Les rythmes pop rock donnent envie de danser et de chanter. Il nous donne envie de vivre.

Et il sait se mettre à la page. À Coachella, il a collaboré avec la chanteuse Shania Twain avec qui il a chanté « Man I Feel Like a Woman », mais aussi avec Lizzo avec qui il a chanté le hit des années 1970, « I Will Survive ». Des collaborations encore nouvelles pour lui, habitué à tout faire tout seul. Il a bien compris que

**Harry Styles à Hollywood, le 21 octobre 2017.**

pour rester pertinent, il faut être capable de se renouveler et il nous l'a bien prouvé depuis le début de sa carrière solo.

Ses inspirations et influences nous parlent également. Il est très proche de Stevie Nicks, chanteuse de son groupe préféré Fleetwood Mac, qui a souvent dit qu'elle voyait Harry comme son « propre fils ». Il s'inspire aussi beaucoup de sa musique à elle, de David Bowie, Mick Jagger ou encore des Beatles.

Certains fans sont là depuis le boys band One Direction mais d'autres ne connaissent Harry qu'en solo. Et oui, la nouvelle génération n'a pas connu One Direction, voire ne connaît même pas ce nom ! Mais il n'y a pas d'âge pour aimer Harry. Aux Grammys 2023, on a pu rencontrer sa plus grande fan de 78 ans, Reina. Donc aucune honte d'être une *fangirl* à n'importe quel âge.

Harry est devenu au fil des années une vraie superstar de rang mondial, certains le nomment même le « nouveau roi de la pop ». De penser qu'il n'est qu'au début de sa carrière ne peut que nous faire réfléchir à tout ce qu'il peut encore atteindre. En attendant, nous serons au premier rang pour le soutenir dans tous ses nouveaux projets !

**Harry Styles au Greek Theater de Los Angeles, le 20 septembre 2017.**

# Portfolio

Les One Direction sur la scène de la saison 3 de The X Factor US, le 19 décembre 2013.

Harry Styles, ◄
le 2 décembre 2015,
sur scène à San José
aux États-Unis.

► Harry Styles en concert
pour les One Direction,
à Kansas City,
le 28 juillet 2015.

Harry Styles
à l'Apple Music Festival,
le 22 septembre 2015,
à Londres.

BLACK
LIVES
MATTER
END GUN VIOLENCE
BLACK
LIVES
MATTER
END GUN VIOLENCE

Harry Styles, le 29 mai 2022, à Coventry en Angleterre.

Harry Styles au Rock & Roll Hall of Fame, le 29 mars 2019, à New York.

▼
Harry Styles et Ed Sheeran aux Teen Choice Awards, le 11 août 2013 en Californie.

Harry Styles et Miley Cyrus aux Teen Choice Awards, le 11 août 2013, en Californie. ◄

► Lizzo filmant Harry Styles aux Grammy Awards 2023, à Los Angeles, le 5 février 2023, après l'annonce de sa victoire.

Harry Styles, ◄
le 19 mai 2022,
à New York.

Harry Styles
aux ARIA Awards,
le 28 novembre 2017,
à Sydney en Australie.

S
H

# crédits photographiques

Harry Styles performs live on stage during The BRIT Awards 2023 at The O2 Arena on February 11, 2023 in London, England. (Photo by Samir Hussein/WireImage) / (L-R) Harry Styles, Nial Horan, Louis Tomlinson, Simon Cowell, Liam Payne and Zain Malik of One Direction attend the One Direction performance ahead of The X Factor final this weekend at Queen Square on December 7, 2010 in Wolverhampton, England. (Photo by Tony Woolliscroft/ WireImage) / Leigh-Anne Pinnock from Little Mix performs at the Cheerios Childline concert at 02 on November 24, 2012 in Dublin, Ireland. (Photo by Phillip Massey/WireImage) / Perrie Edwards from Little Mix performs at the Cheerios Childline concert at 02 on November 24, 2012 in Dublin, Ireland. (Photo by Phillip Massey/WireImage) / Jesy Nelson from Little Mix performs at the Cheerios Childline concert at 02 on November 24, 2012 in Dublin, Ireland. (Photo by Phillip Massey/WireImage) / Jade Thirlwall from Little Mix performs at the Cheerios Childline concert at 02 on November 24, 2012 in Dublin, Ireland. (Photo by Phillip Massey/WireImage) / Fifth Harmony performs onstage during Z100's iHeartRadio Jingle Ball 2015 at Madison Square Garden on December 11, 2015 in New York City. (Photo by Kevin Kane/WireImage) / Big Time Rush performs onstage during Nickelodeon LA Upfronts held at The Music Box at the Fonda Hollywood on March 24, 2010 in Los Angeles, California. (Photo by Michael Buckner/WireImage) / James McVey, Brad Simpson, Connor Ball and Tristan Evans of 'The Vamps' sighted arriving at the BBC Radio 1 Studios. April 10, 2014 in London, England. (Photo by Alex Huckle/GC Images) / Liam Payne, Niall Horan, Harry Styles, Louis Tomlinson and Zayn Malik of One Direction perform at the 2012 MTV Video Music Awards at Staples Center on September 6, 2012 in Los Angeles, California. (Photo by Jason LaVeris/FilmMagic) / Harry Styles of One Direction performs on stage at The Brisbane Convention and Exhibition Centre on April 18, 2012 in Brisbane, Australia. (Photo by Marc Grimwade/WireImage) / Louis Tomlinson, Harry Styles, Zayn Malik, Niall Horan and Liam Payne of British singing group One Direction performs on FOX's «The X Factor» Season 2 Top 13 To 12 Live Elimination Show on November 8, 2012 in Hollywood, California. (Photo by FOX Image Collection via Getty Images) / Liam Payne, Louis Tomlinson,Niall Horan, Zayn Malik and Harry Styles of the group One Direction attends a CD signing for «Up All Night» at Walmart on March 17, 2012 in Somerdale, New Jersey. (Photo by Bobby Bank/WireImage) / Harry Styles of the group One Direction performs onstage during Z100's Jingle Ball 2012 presented by Aeropostale at Madison Square Garden on December 7, 2012 in New York City. (Photo by Brian Killian/WireImage) / Harry Styles of One Direction performs at the Radio One Teen Awards at Wembley Arena on October 7, 2012 in London, England. (Photo by Mike Marsland/WireImage) / Zayn Malik, Niall Horan, Louis Tomlinson, Liam Payne and Harry Styles of One Direction perform on NBC's «Today» at Rockefeller Plaza on August 23, 2013 in New York, New York. (Photo by Gilbert Carrasquillo/FilmMagic) / Harry Styles of One Direction attends a photocall to launch their new film 'One Direction: This Is Us 3D' held at the Blue Sky Studios on August 19, 2013 in London, England. (Photo by Karwai Tang/ WireImage) / One Direction band member Harry Styles on stage at the One Direction Private Concert & Fan Chat, Hosted by Hasbro at W Westwood on August 6, 2013 in Westwood, California. (Photo by Rich Polk/WireImage) / Recording artist Harry Styles of music group One Direction performs onstage during the 2014 iHeartRadio Music Festival at the MGM Grand Garden Arena on September 20, 2014 in Las Vegas, Nevada. (Photo by Jeff Kravitz/ FilmMagic) / Liam Payne, Zayn Malik, Louis Tomlinson, Harry Styles and Niall Horan of 'One Direction' perform on FOX's «The X Factor» Season 3 Top 10 To 9 Live Elimination Show on November 21, 2013 in Hollywood, California. (Photo by FOX Image Collection via Getty Images) / Singers Niall Horan, Liam Payne, Zayn Malik, Louis Tomlinson and Harry Styles of the group One Direction pose in the press room at the 2014 American Music Awards at Nokia Theatre L.A. Live on November 23, 2014 in Los Angeles, California.(Photo by Jeffrey Mayer/WireImage) / Harry Styles of the band One Direction appear on NBC's Today Show to release their new album «Four» at Universal City Walk At Universal Orlando on November 17, 2014 in Orlando, Florida. (Photo by Olivia Salazar/FilmMagic) / Singers Louis Tomlinson, Liam Payne, Niall Horan and Harry Styles of One Directionposes for a fan's photograph during the 2015 Billboard Music Awards at MGM Grand Garden Arena on May 17, 2015 in Las Vegas, Nevada. (Photo by Jeff Kravitz/BMA2015/FilmMagic) / Recording artist Harry Styles of One Direction performs at 102.7 KIIS FM's Jingle Ball 2015 presented by Capital One at Staples Center on December 4, 2015 in Los Angeles, California. (Photo by Axelle/ Bauer-Griffin/FilmMagic) / Liam Payne, Harry Styles, Niall Horan and Louis Tomlinson of One Direction perform at Soldier Field on August 23, 2015 in Chicago, Illinois. (Photo by Daniel Boczarski/ WireImage) / Harry Styles of One Direction performs at The Roundhouse on September 22, 2015 in London, England. (Photo by Brian Rasic/WireImage) / Zayn Malik seen on the streets of Manhattan on January 24, 2018 in New York City. (Photo by James Devaney/GC Images) / The British singer Louis Tomlinson ex One Direction performs in concert at the Milan Summer Festival. Milan (Italy), September 3rd, 2022 (Photo by Elena Di Vincenzo/Archivio Elena Di Vincenzo/Mondadori Portfolio via Getty Images) / Liam Payne performs on stage at the IHeartRadio Jingle Ball 2017 at BB&T Center on December 17, 2017 in Sunrise, Florida. (Photo by Jason Koerner/WireImage,) / Niall Horan performs on stage during the MTV EMAs 2019 at FIBES Conference and Exhibition Centre on November 03, 2019 in Seville, Spain. (Photo by Kevin Mazur/WireImage) / Harry Styles seen leaving BBC Radio One after performing in the Live Lounge on December 18, 2019 in London, England. (Photo by Neil Mockford/GC Images) / SHANGHAI, CHINA - NOVEMBER 20: Harry Styles attends 2017 Victoria's Secret Fashion Show In Shanghai - Show at Mercedes-Benz Arena on November 20, 2017 in Shanghai, China. (Photo by Presley Ann/Patrick McMullan via Getty Images) / Singer-songwriter Harry Styles is seen performing on NBC's «Today» at Rockefeller Plaza on May 19, 2022 in New York City. (Photo by Gilbert Carrasquillo/GC Images) / Dua Lipa performs live at The O2 Arena at part of her Future Nostalgia Tour on May 02, 2022 in London, England. (Photo by Samir Hussein/WireImage) / Harry Styles, Tyler Johnson and Kid Harpoon accept the Album Of The Year award for «Harry's House» during the 65th GRAMMY Awards at Crypto.com Arena on February 05, 2023 in Los Angeles, California. (Photo by Timothy Norris/FilmMagic) / Harry Styles attends The BRIT Awards 2023 at The O2 Arena on February 11, 2023 in London, England. (Photo by Neil Mockford/FilmMagic) / Katie Gavin of MUNA performs during Rainbow Republic, the Sydney WorldPride closing concert on March 05, 2023 in Sydney, Australia. (Photo by Don Arnold/WireImage) / Mabel performs live during Reading Festival 2021 at Richfield Avenue on August 27, 2021 in Reading, England. (Photo by Samir Hussein/WireImage) / Emily Kokal of Warpaint performs on stage during Primavera Sound Festival day two at Parc del Forum on June 03, 2022 in Barcelona, Spain. (Photo by Jordi Vidal/Redferns) / Isabella Manfredi of 'The Preatures' performs live at Beat The Drum music festival at The Domain on January 16, 2015 in Sydney, Australia. The music festival is to celebrate 40 years of Australian radio station, Triple J. (Photo by Don Arnold/WireImage) / Singer Leon Bridges performs on stage during a concert at the Huxleys on July 5, 2022 in Berlin, Germany. (Photo by Frank Hoensch/Redferns) / Harry Styles performs during the 31st Annual ARIA Awards 2017 at The Star on November 28, 2017 in Sydney, Australia. (Photo by James D. Morgan/WireImage) / Harry Styles speaks onstage at the 2019 Rock & Roll Hall Of Fame Induction

Ceremony - Show at Barclays Center on March 29, 2019 in New York City. (Photo by Mike Coppola/WireImage) / A 'Harry Styles Love On Tour' spray painted stencil on the sidewalk during Harry Styles performance on NBC's «Today» at Rockefeller Plaza on May 19, 2022 in New York City. (Photo by Gilbert Carrasquillo/GC Images) / Harry Styles and his band perform at the United Center in Chicago on Oct. 10, 2022, as part of his "Love on Tour." (Christopher Borrelli/Chicago Tribune/Tribune News Service via Getty Images) / Los Angeles, CA, Sunday, March 14, 2021 - Harry Styles accepts the award for Best Solo Performance at the 63rd Grammy Award outside Staples Center. (Robert Gauthier/Los Angeles Times via Getty Images)Los Angeles, CA, Sunday, March 14, 2021 at the 63rd Grammy Award outside Staples Center. (Robert Gauthier/Los Angeles Times via Getty Images) / Harry Styles performs on the Main Stage at War Memorial Park on May 29, 2022 in Coventry, England. (Photo by Joseph Okpako/WireImage) / Hester Chambers and Rhian Teasdale of Wet Leg perform on stage on the second day of TRNSMT Festival at Glasgow Green on July 09, 2022 in Glasgow, Scotland. (Photo by Roberto Ricciuti/Redferns) / A fan holds a sign hoping Harry Styles would read it. Harry Styles fans make their way into the Old Trafford Cricket Ground concert. Many of the fans were dressed in bright clothes for the summer heat. Harry Styles is playing in Old Trafford for two nights. (Photo by Jake Lindley/SOPA Images/LightRocket via Getty Images) / Harry Styles performs on stage during The BRIT Awards 2023 at The O2 Arena on February 11, 2023 in London, England. (Photo by Samir Hussein/WireImage) / Harry Styles performs during the 65th GRAMMY Awards at Crypto.com Arena on February 05, 2023 in Los Angeles, California. (Photo by Timothy Norris/FilmMagic) / BTS performs at the 2018 MBC Plus X Genie Music Awards (MGA) at Namdong Gymnasium on November 06, 2018 in Incheon, South Korea. (Photo by The Chosunilbo JNS/Imazins via Getty Images) / BTS performs during the Times Square New Year's Eve 2020 Celebration on December 31, 2019 in New York City. (Photo by Manny Carabel/FilmMagic) / Korean K-pop band 'BTS' are seen at 'Jimmy Kimmel Live' on November 15, 2017 in Los Angeles, California. (Photo by RB/Bauer-Griffin/GC Images) / Taylor Swift performs onstage at the 2018 American Music Awards at Microsoft Theater on October 9, 2018 in Los Angeles, California. (Photo by Phillip Faraone/WireImage,) / Taylor Swift performs onstage at the 2018 American Music Awards at Microsoft Theater on October 9, 2018 in Los Angeles, California. (Photo by Phillip Faraone/WireImage,) / Hayley Williams of Paramore performs on What Stage during day 2 of the 2018 Bonnaroo Arts And Music Festival on June 8, 2018 in Manchester, Tennessee. (Photo by Jeff Kravitz/FilmMagic for Bonnaroo Arts And Music Festival) / Lizzo performs on stage at The OVO Hydro on March 08, 2023 in Glasgow, Scotland. (Photo by Roberto Ricciuti/Redferns) / BLACKPINK on the Sahara stage at the Coachella Valley Music and Arts Festival on the Empire Polo Club grounds in Indio, Calif., on April 12, 2019. (Brian van der Brug / Los Angeles Times via Getty Images) / Rosalía performs at O2 Academy Brixton on December 05, 2019 in London, England. (Photo by Burak Cingi/Redferns) / Ariana Grande and Nicki Minaj perform onstage during the 2016 MTV Video Music Awards at Madison Square Garden on August 28, 2016 in New York City. (Photo by Jeff Kravitz/FilmMagic) / Taylor Swift performs onstage during the 2018 American Music Awards at Microsoft Theater on October 9, 2018 in Los Angeles, California. (Photo by Jeff Kravitz/AMA2018/FilmMagic For dcp ,) / Sabrina Carpenter performs onstage at the Kiss108 Jingle Ball presented by Capital One at TD Garden on December 10, 2017 in Boston, Massachusetts. (Photo by Natasha Moustache/WireImage) / Gracie Abrams performs at Islington Assembly Hall on May 18, 2022 in London, England. (Photo by Lorne Thomson/Redferns) / Olivia Rodrigo performs on the Other Stage during day four of Glastonbury Festival at Worthy Farm, Pilton on June 25, 2022 in Glastonbury, England. (Photo by Matthew Baker/Redferns) / Harry Styles attends the World Premiere of «Dunkirk» at Odeon Leicester Square on July 13, 2017 in London, England. (Photo by David M Benett/Dave Benett/WireImage) / American actress Angelina Jolie in Versace dress at Rome Film Fest 2021. Eternals Red Carpet. Rome (Italy), October 24th, 2021 (Photo by Andrea Staccioli/ Insidefoto/Mondadori Portfolio via Getty Images) / British singer-songwriter and actor Harry Styles at the 79 Venice International Film Festival 2022. Don't Worry Darling Red Carpet. Venice (Italy), September 5th, 2022 (Photo by Marilla Sicilia/Archivio Marilla Sicilia/Mondadori Portfolio via Getty Images) / Gemma Chan, Harry Styles, Sydney Chandler, Olivia Wilde, Chris Pine, Florence Pugh and Nick Kroll attends the «Don't Worry Darling» red carpet at the 79th Venice International Film Festival on September 05, 2022 in Venice, Italy. (Photo by Dominique Charriau/WireImage) / Harry Styles attends the «Don't Worry Darling» photo call at AMC Lincoln Square Theater on September 19, 2022 in New York City. (Photo by Kevin Mazur/WireImage) / David Dawson and Harry Styles are seen on the filmset for 'My Policeman' on May 04, 2021 in Brighton, England. (Photo by Neil Mockford/GC Images) / Harry Styles seen on the film set for 'My Policeman' on May 14, 2021 in Brighton, England. (Photo by Karwai Tang/WireImage) / Taylor Swift poses at the world premiere of the new film «Cats» based on the Andrew Lloyd Webber musical at Alice Tully Hall, Lincoln Center on December 16, 2019 in New York City.(Photo by Bruce Glikas/FilmMagic) / Lady Gaga (Best Original Song: «Shallow» - A Star Is Born 91st Annual Academy Awards press room at the Dolby Theater in Hollywood, California on February 24, 2019. (Photo credit should read P. Lehman/Future Publishing via Getty Images) / American singer and actress Lady Gaga in Piazza del Duomo on the set of the film House of Gucci, directed by Ridley Scott. Milan (Italy), March 11th, 2021 (Photo by Marco Piraccini/Archivio Marco Piraccini/Mondadori Portfolio via Getty Images) / Lady Gaga is seen at movie set of the 'Joker: Folie a Deux' on March 25, 2023 in New York City. (Photo by Jose Perez/Bauer-Griffin/GC Images) / Justin Timberlake from pop group *NSYNC, poses for an August 1999 portrait in Los Angeles, California. (Photo by Bob Berg/Getty Images) / Harry Styles (hand detail) attends the «Don't Worry Darling» red carpet at the 79th Venice International Film Festival on September 05, 2022 in Venice, Italy. (Photo by Stephane Cardinale - Corbis/Corbis via Getty Images) / Rihanna attends the launch of her new brand 'Fenty Beauty' at Lotte Cinema World Tower on September 17, 2019 in Seoul, South Korea. (Photo by The Chosunilbo JNS/Imazins via Getty Images) / Selena Gomez attends Variety's 2022 Hitmakers brunch at City Market Social House on December 03, 2022 in Los Angeles, California. (Photo by Emma McIntyre/FilmMagic) / Harry Styles attends the world premiere of Harry Potter and The Deathly Hallows at Odeon Leicester Square on November 11, 2010 in London, England. / Harry Styles launch new album and Black Friday Deals Week at Amazon.co.uk's warehouse at Marston Gate Fulfilment Centre on November 21, 2011 in Ridgmont, England. (Photo by Jon Furniss/WireImage) / Harry Styles of One Direction arrives at the 2012 MTV Video Music Awards at Staples Center on September 6, 2012 in Los Angeles, California. (Photo by Kevin Mazur/WireImage) / Harry Styles of One Direction performs on ABC's «Good Morning America» at Rumsey Playfield, Central Park on November 26, 2013 in New York City. (Photo by Kevin Mazur/WireImage) / Harry Styles attends the British Fashion Awards at The Coliseum. (Photo by rune hellestad/Corbis via Getty Images) / Harry Styles of One Direction, winners of the Artist of the Year award, poses in the press room during the 2015 American Music Awards at Microsoft Theater on November 22, 2015 in Los Angeles, California. (Photo by Steve Granitz/WireImage) / Harry Styles Sighting in South Kensington on October 6, 2016 in London, England. (Photo by Mark Robert Milan/GC Images) / Harry Styles attends The 2019 Met

Gala Celebrating Camp: Notes on Fashion at Metropolitan Museum of Art on May 06, 2019 in New York City. (Photo by Theo Wargo/WireImage) / Harry Styles attends The BRIT Awards 2020 at The O2 Arena on February 18, 2020 in London, England. (Photo by Mike Marsland/WireImage) / Harry Styles attends the photocall for «Don't Worry Darling» at the 79th Venice International Film Festival on September 05, 2022 in Venice, Italy. (Photo by Stephane Cardinale - Corbis/Corbis via Getty Images) / Harry Styles attends The BRIT Awards 2023 at The O2 Arena on February 11, 2023 in London, England. (Photo by Samir Hussein/WireImage) / Harry Styles performs on the Main Stage at War Memorial Park on May 29, 2022 in Coventry, England. (Photo by Joseph Okpako/WireImage) / Harry Styles peforms during The BRIT Awards 2020 at The O2 Arena on February 18, 2020 in London, England. (Photo by Samir Hussein/WireImage) / Harry Styles performs live on stage during The BRIT Awards 2023 at The O2 Arena on February 11, 2023 in London, England. (Photo by Samir Hussein/WireImage) / Harry Styles performs onstage during the 2017 iHeartRadio Music Festival at T-Mobile Arena on September 22, 2017 in Las Vegas, Nevada. (Photo by Ethan Miller/WireImage) / Harry Styles performs onstage during the 65th GRAMMY Awards at Crypto.com Arena on February 05, 2023 in Los Angeles, California. (Photo by JC Olivera/WireImage) / Singer-songwriter Harry Styles performs during a rehearsal on NBC's «Today» at Rockefeller Plaza on May 19, 2022 in New York City. (Photo by Gilbert Carrasquillo/GC Images) / Harry Styles attends The BRIT Awards 2023 at The O2 Arena on February 11, 2023 in London, England. (Photo by Jo Hale/Redferns) / Harry Styles attends the 65th GRAMMY Awards at Crypto.com Arena on February 05, 2023 in Los Angeles, California. (Photo by Axelle/Bauer-Griffin/FilmMagic) / Harry Styles attends the «Don't Worry Darling» red carpet at the 79th Venice International Film Festival on September 05, 2022 in Venice, Italy. (Photo by Daniele Venturelli/WireImage) / Harry Styles attends The BRIT Awards 2020 at The O2 Arena on February 18, 2020 in London, England. (Photo by Karwai Tang/WireImage) / Harry Styles attends the Los Angeles Premiere of «My Policeman» at Regency Bruin Theatre on November 01, 2022 in Los Angeles, California. (Photo by Axelle/Bauer-Griffin/FilmMagic) / Los Angeles, CA - March 14: Harry Styles on the red carpet at the 63rd Annual Grammy Awards, at the Los Angeles Convention Center, in downtown Los Angeles, CA, Sunday, Mar. 14, 2021. (Jay L. Clendenin / Los Angeles Times via Getty Images) / Harry Styles seen out and about in Manhattan on November 12, 2019 in New York City. (Photo by Robert Kamau/GC Images) / Rapper Kid Cudi is seen arriving to the 2021 CFDA Awards at The Grill Room in The Seagram Building on November 10, 2021 in New York City. (Photo by Gilbert Carrasquillo/GC Images) / Freddie Mercury of Queen performs at Madison Square Garden on July 27, 1983 in New York City. (Photo by Larry Marano/Getty Images) / Alessandro Michele and Harry Styles attend The 2019 Met Gala Celebrating Camp: Notes on Fashion at Metropolitan Museum of Art on May 06, 2019 in New York City. (Photo by Theo Wargo/WireImage) / Louis Tomlinson and Harry Styles from the band One Directionattend the NRJ Music Awards 2013 at Palais des Festivals on January 26, 2013 in Cannes, France. (Photo by Marc Piasecki/WireImage) / Harry Styles performs onstage at The Greek Theatre on September 20, 2017 in Los Angeles, California. (Photo by Jeff Kravitz/FilmMagic for Sony Music) / Caroline Flack attends The BRIT Awards 2010 at Earls Court 1 on February 16, 2010 in London, England. (Photo by JMEnternational/Getty Images) / Taylor Swift and Harry Styles are seen walking around Central Park on December 02, 2012 in New York City. (Photo by David Krieger/Bauer-Griffin/GC Images) / Harry Styles arrives at Kendall Jenner's hotel on December 14, 2013 in London, England. (Photo by HKGC/FilmMagic) / Kendall Jenner poses during a photocall at Nordstrom at The Americana at Brand on February 22, 2014 in Glendale, California. (Photo by JB Lacroix/WireImage) / Model Camille Rowe attends the Christian Dior Show as part of the Paris Fashion Week Womenswear Spring/Summer 2018 on September 26, 2017 in Paris, France. (Photo by Foc Kan/WireImage) / Olivia Wilde, Sydney Chandler and Harry Styles attend the «Don't Worry Darling» red carpet at the 79th Venice International Film Festival on September 05, 2022 in Venice, Italy. (Photo by Stephane Cardinale - Corbis/Corbis via Getty Images) / Harry Styles and Olivia Wilde are seen in Soho on March 15, 2022 in London, England. (Photo by Neil Mockford/GC Images) / 2023 Emily Ratajkowski arrives at the Vanity Fair Oscar Party Hosted By Radhika Jones at Wallis Annenberg Center for the Performing Arts on March 12, 2023 in Beverly Hills, California. (Photo by Steve Granitz/FilmMagic) / Singer Harry Styles of One Direction performs onstage during the 5th annual «We Can Survive» benefit concert presented by CBS Radio at the Hollywood Bowl on October 21, 2017 in Hollywood, California. (Photo by Scott Dudelson/WireImage) / Harry Styles performs onstage at The Greek Theatre on September 20, 2017 in Los Angeles, California. (Photo by Jeff Kravitz/FilmMagic for Sony Music) / Harry Styles, Liam Payne, Zayn Malik, Louis Tomlinson and Niall Horan of 'One Direction' performs onstage on FOX's «The X Factor» Season 3 Live Finale on December 19, 2013 in Hollywood, California. (Photo by Ray Mickshaw/FOX Image Collection via Getty Images) / Harry Styles, Liam Payne, Niall Horan and Louis Tomlinson of One Direction perform on stage as part of Apple Music Festival at The Roundhouse on September 22, 2015 in London, England. (Photo by Christie Goodwin/Redferns) / Musician Harry Styles of One Direction performs at Arrowhead Stadium on July 28, 2015 in Kansas City, Missouri. (Photo by C Flanigan/WireImage) / Singer Harry Styles of One Direction performs during the 6th Annual 99.7 NOW! Triple Ho Show at SAP Center on December 2, 2015 in San Jose, California. (Photo by C Flanigan/FilmMagic) / Harry Styles performs at the 2019 Rock & Roll Hall Of Fame Induction Ceremony - Show at Barclays Center on March 29, 2019 in New York City. (Photo by Mike Coppola/WireImage) / Harry Styles performs on stage at Radio 1's Big Weekend 2022 at the War Memorial Park on May 29, 2022 in Coventry, England. (Photo by Jo Hale/Redferns) / 65th GRAMMY AWARDS Lizzo reacts as Harry Styles wins album of the year at the 65th Grammy Awards, held at the Crytpo.com Arena on February 5, 2023. -- (Photo by Robert Gauthier / Los Angeles Times via Getty Images) / Musicians Ed Sheeran (L) and Harry Styles of One Direction attend the 2013 Teen Choice Awards at Gibson Amphitheatre on August 11, 2013 in Universal City, California. (Photo by Kevin Mazur/Fox/WireImage) / UNIVERSAL CITY, CA - AUGUST 11: Actress/musician Miley Cyrus (L) and musician Harry Styles of One Direction attend the 2013 Teen Choice Awards at Gibson Amphitheatre on August 11, 2013 in Universal City, California. (Photo by Kevin Mazur/Fox/WireImage) / SYDNEY, AUSTRALIA - NOVEMBER 28: Harry Styles performs during the 31st Annual ARIA Awards 2017 at The Star on November 28, 2017 in Sydney, Australia. (Photo by James D. Morgan/WireImage) / NEW YORK, NEW YORK - MAY 19: Singer-songwriter Harry Styles, jewelry detail, is seen performing on NBC's «Today» at Rockefeller Plaza on May 19, 2022 in New York City. (Photo by Gilbert Carrasquillo/GC Images)



**Achevé d'imprimer en mai 2023**
**par Pollina en France.**